Gunter Böhnke
Mit dem Floß unters Eis

Gunter Böhnke

Mit dem Floß unters Eis

Gustav Kiepenheuer Verlag

ISBN 3-378-00643-9

1. Auflage 2002

Einbandgestaltung gold, Fesel/Dieterich
Druck und Binden Clausen & Bosse, Leck
Printed in Germany

www.gustav-kiepenheuer-verlag.de

Inhalt

I Mit dem Floß unters Eis

Schon in meiner Kindheit hatte ich davon geträumt, ein Floß zu bauen und auf dem Wasserweg unbekannte Lande zu suchen. Als sich dann – es war inzwischen ein halbes Menschenleben vergangen – die Stämme für das Floß in unserem Keller stapelten, wollte ich eigentlich nur noch auf dem Leipziger Elsterstaubecken kreuzen. Es kam alles ganz anders …

Doch beginnen wir von vorn. (Wo ist eigentlich bei einem Floß vorn?)

Als ich Schüler der Erweiterten Polytechnischen Oberschule in Dresden war – sie hieß im Volksmund »Das rote Kloster« –, fiel mir ein Gedicht in die Hand: »In Hamburg lebten zwei Ameisen, die wollten nach Australien reisen. Bei Altona, auf der Chaussee, da taten ihnen die Beine weh. Und da verzichteten sie weise dann auf den letzten Teil der Reise.« Der berühmte Seemann Kuddeldaddeldu, also Joachim Ringelnatz, der einst an der Alten Elster wohnte, hat es geschrieben.

Mir fehlte jegliches Verständnis für diese Ameisen. Mein Gott, wenn ich jemals nach Hamburg kommen sollte (damals unvorstellbar!), würde ich auf keinen Fall bei Altona umkehren. Nein. Keinesfalls. Ich würde »niewermachen« nach Amerika, »nunder« nach Afrika und »hindnnunder« nach Australien. Doch jetzt schweife ich ab …

Mein innigster Wunsch also war eine Fahrt mit dem Floß – übers ewige Eis. Dabei wollte ich mich zum damaligen Zeitpunkt noch gar nicht festlegen, ob es der arktische Eispanzer oder das antarktische Schelfeis oder die Eisfelder von Baffin Island im Norden Kanadas sein sollten.

Damit der Wunsch irgendwann einmal Wirklichkeit würde, kaufte ich mir zuerst ein paar stählerne Rollenlager mit Hartgummirollen. Die sollten das Floß voranbringen, wenn an Land Wind- und Wolkenstille herrschten. Ein Floß auf Rädern? »Ja« und »nein« – aber mehr »ja« als »nein«. Der Weg zum Wasser führt überall übers Land.

Der nächste Ausrüstungsgegenstand, den ich anschaffte, war ein Bootshaken. Er lag eines schönen Sommermorgens neben einem Tagschläfer auf dem »Bleichplan« in unserem Garten. »Bleichplan« war ein Ausdruck meiner Großmutter Hedwig und bezeichnete einen kleinen Rasenplatz, wo die Wäsche zum Trocknen aufgehängt wurde. Gebleicht wurde dort ursprünglich mal die Bettwäsche. Sie wird dazu »plan« auf dem Rasen ausgebreitet, mit Wasser besprengt und von der Sonne gebleicht. Am günstigsten ist es, wenn der Sonnenschein von Regenschauern unterbrochen wird, dann spart man sich das beschwerliche Sprengen mit der Gießkanne.

Aber zurück zum stark alkoholisierten Tagschläfer. Er hatte am Sonntagmittag, dem Zeitpunkt seiner Entdeckung, eine Alkoholfahne, die die grünen Erdbeeren neben seinem Kopf zum Erröten brachte. Nachdem ich ihm eine kurze Schlafpause abgerungen hatte, in der er bestätigte, nicht der Besitzer des Bootshakens zu sein, schnarchte er weiter, bis sich die Apfelbäume vor Entrüstung schüttelten. Glücklicherweise handelte es sich um Äpfel der Sorte Boskop, die erst im Spätherbst reifen, sonst hätte den Schläfer vielleicht ein Fallobsthügel für immer bedeckt.

Nun legen wir uns einmal gemeinsam in die Kurve, die wir kriegen müssen, um vom Fallobst zum Floß zurückkehren zu können. So – ich besaß jetzt die Floßräder, einen Bootshaken und inzwischen auch ein rosa Kunsthanfseil zum Zusammenbinden der Floßteile, jener fünf Meter langen, von der Forstverwaltung noch freizugebenden Baumstämme. Die hatte ich zwar noch nicht, aber dafür ein Logbuch vom Feinsten: ein nicht benutztes Poesiealbum aus meiner Schulzeit. Genaugenommen war es schon benutzt. Aber ich hatte mich nach den beiden ersten Einträgen geschämt, es weiterzugeben. Die waren nämlich von meiner damaligen Flamme Ramona und vom Klassenlehrer, der Poesiealben, »Bohsies«, aus ideologischen Gründen ablehnte und mich in der Staatsbürgerkundestunde damit erwischt hatte. Er wollte es nur dann nicht einziehen, wenn er selbst etwas Beispielgebendes hineinschreiben dürfte.

Bei nochmaligem Lesen nach so vielen Jahren befand ich, daß die Texte sogar in das Logbuch paßten, ja eigentlich wie für ein Schiffstagebuch geschrieben waren.

Mögen niemals trübe Tage
deinen Lebenslauf durch ziehn
sondern Glück und heitre Freude
stets auf Deinem Wege blühen.
Zur freundl. Erinnerung
an unsere gemeinsamen Schuljahre

von
Deiner Ramona

Und der zweite nautische Wegweiser lautete:

Laß Dich immer davon leiten:
Nicht irgendein unbekanntes Wesen, nicht irgendein
Schicksal, kein Glücksstern bestimmen Deinen Lebens-
weg – Du selbst, die Menschen sind die Schöpfer
und Herren der Welt!
Bemühe Dich, durch fleißige und gute Arbeit, Aneignung
hoher Bildung, Ehrlichkeit und ein sauberes Leben
ein würdiger Angehöriger der Arbeiterklasse zu sein;
zeichne Dich immer durch feste Treue zu unserem
Arbeiter-und-Bauern-Staat aus, denn er garantiert
Dir Frieden, Fortschritt und eine glückliche Zukunft im
Sozialismus!

Gesundheit und Schaffenskraft
für Dein weiteres Leben wünscht
Dir Dein Lehrer

Leider fehlte bei den gutgemeinten Ratschlägen der Hinweis auf ein Floß, mit dem man als Herr der Welt dieselbe erkunden konnte. Auch über die Beschaffung von Baumstämmen, mit deren Hilfe sich der todesmutige Flößer über Wasser hielt, konnte ich darin nichts finden.

Ich übte gerade Seemannsknoten, als mich ein Freund anrief und mir sagte, man brauche zum Lenken eines Floßes auf den einheimischen Gewässern eine Fahrerlaubnis, einen Floßschein. Ich glaubte das nicht. Trotzdem rief ich die Leute an, die es eigentlich hätten wissen müssen:

»Guten Tag, hier ist die Verkehrspolizei, Wachtmeister Kleinschneider. Sie hatten einen Unfall, Bürger? Wo steht Ihr Wagen?«

»Guten Tag, ich hätte gern eine Auskunft …«

»Moment mal, der Auskunftspflichtige sind Sie! Sie haben einen Unfall gebaut und …«

»Nein, ich habe mir ein Floß gebaut.« (Das war natürlich ein Vorgriff auf die Zukunft.)

»Und das ist Ihnen vom Anhänger runtergedonnert!«

»Nein, noch nicht.«

»Dann rufen Sie erst an, wenn etwas passiert ist.«

»Ich rufe ja gerade an, damit nichts passiert. Ich wollte wissen, ob ich zum Floßfahren eine Fahrerlaubnis, einen Floßschein, brauche.«

»Wieviel PS hat Ihr Fahrzeug, Bürger?«

»Es handelt sich um ein Floß, Genosse Wachtmeister!«

»Ich wollte nicht den Fahrzeugtyp, sondern die PS-Zahl wissen! Welches Kennzeichen?«

»Mehrere! Es ist aus Holz, hat Räder und ein Logbuch.«

»Wollen Sie mich auf den Arm nehmen?«

»Nein, mit auf mein Floß – wenn Sie wollen. Aber brauche ich dazu einen Floßschein?«

»Ich glaube, Sie brauchen dringend einen Jagdschein. Ansonsten bin ich nicht befugt. Wenden Sie sich an die Pressestelle des Ministeriums des Innern! – Guten Tag.«

Na, dieser Tag hatte ja gut begonnen! Deswegen rief ich auch erst am nächsten Morgen bei der Flußmeisterei an, denn die müßte wohl wissen, wie man den Fluß meistern darf – mit oder ohne Floßschein?

Aber der Meister am anderen Ende der Leitung – ein Leitungskader – konterte auf meine Frage mit einem Redestrom, daß er ein hochqualifizierter Strommeister und Flußmeister sei, aber keineswegs ein Floßmeister, von der Existenz eines solchen habe er überhaupt noch nie etwas vernommen.

Ähnlich erging es mir beim Sportclub DHfK, Sektion Rudern. Da das Ruder nicht als ursächliches Fortbewegungsmittel des Floßes geplant war, wurde ich an die Sektion *Treiben Lassen* verwiesen. Die Antwort trieb davon …

Da steh ich nun, ich armer Tor, und bin so klug als wie zuvor. Diese Worte, die ich nach dem letzten Telefonat ausstieß, sind inzwischen Allgemeingut geworden, und ein relativ bekannter Dichter hat sie sich sogar von mir entliehen.

Von meinem Vorhaben war ich trotzdem nicht einen Millimeter abgewichen. Ich rief den Auwald-Revierförster an und bat um den käuflichen Erwerb von sieben fünf Meter langen Baumstämmen. Er versprach, sich umzusehen. In der folgenden Woche heulten die Kettensägen besonders oft im Revier. Die Anwohner meinten schon, die Südtangente der Autobahn fresse sich da durch.

Durchgefressen hatten sich aber nur die Borkenkäfer – und zwar durch die Rinde vieler Bäume im Auwald, die deswegen gefällt werden mußten. So verdanke ich also dem Borkenkäfer den Erwerb der Baumstämme, die ich morgens kurz nach fünf Uhr im Walde abholen mußte. Meine Frau durfte natürlich nichts davon wissen.

Obwohl ich normalerweise um diese Zeit noch im ersten Schlaf liege, war ich an dem Morgen gegen vier vor Aufregung hellwach und warf meinen sowjetischen Jeep GAS 69 (Baujahr 68) an. Pünktlich erreichte ich den Forst. Dort erwarteten mich statt der bestellten sieben fünf Meter langen Baumstämme fünf sieben Meter lange.

Der Schreck war so groß wie meine Entschlossenheit, nicht ohne die Stämme zu Hause anzukommen. Also klappte ich die

Frontscheibe des »geländegängigen Kfz« herunter, löste die Laschen am rückwärtigen Verdeck und schob die Baumstämme von hinten bis auf die Motorhaube.

Da mich dabei das Gefühl beschlichen hatte, der Transport entspreche nicht hundertprozentig den Verkehrsvorschriften, mied ich auf der Heimfahrt größere Straßen. Im Schrittempo fuhr ich auf Umwegen bis zu unserem Haus, wo ich die Stämme allein in den Keller zu bugsieren hatte, denn meine Frau sollte sie ja erst bemerken, wenn das Floß fertig war.

Ich rangierte also rückwärts an die Kellertreppe heran, kniete mich auf die Motorhaube und hob die Baumstämme so weit an, daß sie nach hinten vom Jeep rutschten. Mit lautem Getöse polterten sie die Kellertreppe hinab. Dann mußte ich die Stämme noch zehn Meter weit durch einen Gang ziehen und in den Keller hineinschieben. Dieser war 7,20 Meter lang. Die Tür ging gerade noch zu. Jetzt hatte ich bloß noch dafür zu sorgen, daß meine Frau nicht auf die Idee kam, mal selbst Kohlen zu holen. Denn dann hätte sie vor der Zeit um mein Geheimnis gewußt: Man mußte nämlich jetzt mit den Kohleneimern über die Floßstämme klettern.

Doch ich war glücklich, die erste Etappe meiner Fahrt ins ewige Eis rückte sichtlich näher. – Alle Bauteile für ein Floß waren vorhanden.

Warum in die Ferne schweifen

Jeder Mensch in Sachsen kennt Königstein – entweder den Ort oder den Berg oder die Festung oder das Museum oder das Hotel. Meist kennt man alles. – Alles kennt man meist nicht!

Denn wer weiß zwischen Dresden und Zittau, zwischen Plauen und Eilenburg, daß es noch ein Königstein im Erzgebirge gibt? Hinter Aue. Bei Schönewalde. – Niemand außer mir!

Es war vor vielen Jahren. Ein richtiger Winter. Eiskalt. Eisschollen auf den Flüssen. Die Berge trugen Eiskappen, waren also zu Eisbergen geworden. Sogar die Radkappen hatten Eiskappen. Kurz gesagt: Alles war vereist. Selbst die Eisenbahn. Und natürlich die Eisbahn.

Leider gab es keine Eisbahn zwischen Leipzig und Königstein im Erzgebirge. Sonst hätte man hinschlittern können. Es gab aber auch keine Eisenbahn. Oder sie fuhr nicht. Oder sie hatte wochenlang Verspätung. Wir nahmen das Auto. Nein, nicht das *Auto,* sondern *das* Auto. Unser unverwüstliches »geländegängiges Kfz vom Typ GAS 69, Baujahr 1968«. Es besaß einen zuschaltbaren Allradantrieb mit Untersetzung, also sechs Gänge, sowie eine Nutzlastkapazität von anderthalb Tonnen.

Alles, was man für einen Winterurlaub brauchte, konnte man einladen: Skier, Schlitten, Schlafsäcke, Weib und Kinder, einen Bahnheizkörper, Batterieladegerät, Decken, Benzinkanister, Ölkanister, Pfeifenknaster.

Und dann ging es los. Nein, es ging nicht gleich los. Der »Wagen« sprang nicht an. Und dabei herrschten draußen nicht minus 45 Grad, sondern nur minus 22. Glücklicherweise gab es eine Handkurbel zum Ankurbeln. Unglücklicherweise kurbelte sie nur bis minus fünf Grad. War es kälter, wurde das Motorenöl zäh wie Hammelfleisch, schmeckte aber bedeutend schlechter.

In solchen Situationen muß Mann sich nur zu helfen wissen. Ich ließ Frau und Kinder wieder aussteigen, hielt ein paar Passanten an. Und schon wurde fröhlich angeschoben. Ich trat die Kupplung durch, legte den zweiten Gang ein. Vorsicht – langsam die Kupplung kommen lassen! Zuerst rutschte das schwere Fahrzeug auf dem glatten Straßenbelag. Dann kamen mehrere Schlaglöcher. Es rumpelte, es knallte aus dem Auspuffrohr, gefühlvolles Pumpen mit dem Gaspedal, befreit röhrte der Motor. Das Auto fuhr! Dank der Schlaglöcher und unserer hilfsbereiten Menschen.

Die Fahrt ins Erzgebirge verlief ganz normal. Die Straßen waren glatt oder nicht geräumt, die Straßenbeleuchtung in den Ortschaften nicht frostsicher, ab und an war eine kleinere Straße wegen Schneeverwehungen gesperrt, die Umleitung aber ausgeschildert. Heute würde man das natürlich als eine Zumutung empfinden, heute, da dem Winter wie einem Sommer entgegengetreten wird – auch vom Straßenwinterdienst.

Wir wohnten auf einem Bauernhof zu ebener Erde, mit Gasaußenwandheizung. Sie lief Tag und Nacht. Wir froren trotzdem. Da konnte sich unser Bahnheizkörper mit seinen 120 Watt bewähren! Für unser leibliches Wohlbefinden war also gesorgt. Aber wie verhielt es sich mit dem Leib unseres treuen Gefährten? Er stand bei minus 23 Grad auf dem Hof. Der morgendliche Startversuch – nur pro forma angestrengt – blieb selbstverständlich erfolglos. Der Motor war von einem Eispanzer überzogen wie der Palast der Schneekönigin und glitzerte in der Morgensonne wie ihr Diadem. Nur die Zündkerzen froren nicht zu, sie trugen Funkentstörungskappen.

Der Bauer versuchte mich mit dem Traktor anzuschleppen – ohne Erfolg. Dann gab er mir einen Tip: Ich sollte den Motorblock mit kochendheißem Wasser übergießen, am besten mehrmals. Dann sollte ich das Motorenöl ablassen, anschließend den Eimer mit dem Öl auf den Ofen stellen und erhitzen, bis es »blubberte«. Inzwischen sollte ich die Batterie aufladen und das heiße Motorenöl wieder auffüllen, es würde sich beim Anlassen des Motors wie ein Katalysator verhalten. Gesagt, getan. Alles lief wie am Schnürchen. Das Ganze hatte kaum drei Stunden gedauert.

Als wir vom Skifahren zurückkamen, begann ich zu rechnen: Zehn Tage sollte der Urlaub dauern. Das wären dreißig Stunden morgendliche Vorbereitung. Ein Urlaubstag wäre futsch. Keine optimale Lösung. Damit der Motor nicht von abends sechs bis morgens neun Uhr stillstand, mußte ich ihn etwa sechs Stunden nach unserer Tagestour eine Stunde laufen lassen. Das wäre von Mitternacht bis ein Uhr morgens. Undenkbar, auf dem Bauernhof zu solcher Stunde einen GAS-Motor zu starten.

Ich parkte also fortan das Auto auf der Straße. Pünktlich um Mitternacht fuhr ich eine größere Runde durch den verschneiten Tann. Drei Nächte lang ging alles gut. Ich wählte jede Nacht eine andere Route, damit es nicht zu langweilig wurde. Es waren erlebnisreiche Stunden. Der Wald tanzte im Scheinwerferlicht. Knorrige Bäume wurden ins Riesenhafte verzerrt. Kleine Brücken führten mich über finstere Schluchten. Alte Gemäuer standen wie übermächtige Wächter am Straßenrand.

In der vierten Nacht kreuzte am Ortsausgang eine große schwarze Katze mit glühenden Augen meinen Weg. Kam sie von rechts oder von links? Ich war mir nicht sicher und blickte mich um. Sie saß mitten auf der Straße, im Lichtkegel der letzten Lampe des Ortes. Gott sei dank war ich nicht abergläubisch. Bedächtig fuhr ich in eine große Schleife. Als ich eine scharfe Rechtskurve nahm, sah ich durch den Wald einen Lichtschein. – War da noch ein Verrückter unterwegs um diese Zeit? Wurde ich verfolgt?

Oder befand sich gar jemand auf der Flucht? Die Straßen waren spiegelglatt. Wenn der Kerl hinter mir um eine Kurve käme, hätte ich keine Chance, einen Aufprall zu verhindern, so schnell wie der Lichtschein mir folgte.

Ich fuhr in einen Waldweg, wendete und wartete mit laufendem Motor. Schon schlitterte ein dunkler Wagen um die Kurve. Ich nahm die Verfolgung auf. In irrsinnigen Kapriolen schoß der Wagen auf der schneeglatten Piste dahin. Ich hatte es nur meinem Allradantrieb zu verdanken, daß ich dem Verbrecher folgen konnte. Denn um einen solchen handelte es sich zweifellos.

Eine Verfolgungsfahrt im Geisterwald. Mir war mulmig zumute. Und doch war es schaurig schön. Die Fichten nickten mit ihren weißen Schlafmützen. Blattlose Bäume malten bizarre Zickzacks an den dunklen Nachthimmel. Im Zickzack verschwand der schwarze Wagen hinter der nächsten Kurve.

Als ich sie erreichte, fand ich vom Raser keine Spur.

Es ging leicht bergan. Die Straße wurde immer schmaler. Eine Fahrspur führte den Hügel hinauf. Rechts stand eine hohe Mauer. Plötzlich war die Spur zu Ende, und meine Vorderräder versanken im Schnee.

Ich stieg aus und versank auch bis über die Knie im Schnee. Wenden war unmöglich. Ich holte eine Taschenlampe aus dem Auto und blickte erschrocken nach links. Irgendwo unten plätscherte es. Wahrscheinlich ein Bach. Mit Wasser mochte ich um diese Zeit keine nähere Bekanntschaft machen. Also stieg ich wieder ein und versuchte langsam rückwärts zu fahren. Nur jetzt nicht die Böschung hinabstürzen!

Plötzlich ein Ruck, der Wagen hing fest, und die Räder drehten durch. Eine Minute später war ich auch nicht weit davon entfernt.

Ich blickte nach oben, um mich zu beruhigen. Märchenhafter Sternenhimmel, eine glasklare Nacht. Mir würde nichts weiter übrigbleiben, als den Wagen stehenzulassen und morgen in aller Herrgottsfrühe Hilfe zu holen. Wenn ich bis ein Uhr nicht zurück wäre, würde meine Frau vielleicht die Polizei anrufen? Die Polizei – mein Freund und Helfer! Ich konnte ein müdes Lächeln nicht unterdrücken. Verzweifelt irrte mein Blick umher.

Plötzlich entdeckte ich Licht. Hoch über der Mauer; ein Turm mußte dahinter sein.

Nun kannte ich keine Hemmung mehr, lief hin und ging um den Turm herum. An der rückwärtigen Seite war die Eingangstür. Zwei Namensschilder mit Klingelknöpfen. Ich drückte auf den oberen Knopf. Nichts. Ich drückte ein zweites Mal. Schweigen im Walde – im wahrsten Sinne des Wortes. Ich drückte auf die untere Klingel – einmal, zweimal. Hoch droben ging ein Fenster auf. Eine Männerstimme fragte nach meinem Begehr. »Ich möchte nichts, ich brauche nur Hilfe. Mein Auto hängt fest.« Das Fenster ging wieder zu. Ich setzte mich resigniert in den Schnee.

Nach fünf Minuten hörte ich dumpfe Schritte. Knarrend öffnete sich die Tür.

Ein mittelgroßer Mann in einem dunkelgrünen Trainingsanzug trat heraus. Er schüttelte den Kopf und einen Spaten, den er in der rechten Hand hielt. »Um diese Zeit! Ich wollte gerade in die Falle.«

Er folgte mir und grinste, als er das Auto sah. Zuerst hackte er das Eis unter den Rädern auf. Sie drehten trotzdem durch. Dann ging er wortlos zurück und brachte einen Eimer Sand und ein Bündel Reisig. Beides warf er unter die Vorderräder. Ich stieg ein, startete, gab Gas. Er schob. Die Vorderräder griffen. Der Mann im grünen Trainingsanzug dirigierte mich die letzten Meter bis zum Fuße des Hügels.

Ich wäre ihm am liebsten um den Hals gefallen. Während ich in meiner Brieftasche nach Geld suchte, fragte ich ihn, was »das hier« sei, ob er Förster wäre. Er brummte kurz angebunden: »Alte Mühle. Nee, Förster nich. Bin Polizist.«

Streifenlichter

Der 26. Juli 1983 war ein schöner Sommertag. Der Owm., der Oberwachtmeister, blickte aus dem Küchenfenster im 16. Stock hinüber zum Kulkwitzer See. Das wäre eine Idee: jetzt aufs Fahrrad und runter zum See, fünfhundert Meter schwimmen, hin Brust, zurück Kraul. Aber ihn erwartete der Dienst. Da gab es Bewegung genug – als Streifenpolizist auf Fußstreife.

Eigentlich war sein Dienst stinklangweilig. Morgens Einweisung und Auswertung der Fahndungs-Fernschreiben, dann die Streife gehen laut Auftrag, immer auf denselben Straßen, haltmachen am Beobachtungspunkt, immer zur gleichen Zeit. Danach konnte man die Uhr stellen. Natürlich auch ein Gesetzesverletzer. Beobachtung der Personenbewegung und vereinzelte Fahndungskontrollen rundeten den Tag ab. Nicht zu vergessen: zwei Mal dreißig Minuten Pause.

Gut, gestern war mal was los. Da hatte er den Genossen von der Transportpolizei helfen müssen, auf dem Hauptbahnhof Bahnsteig 7 abzusichern. Es kam ein Sonderzug – nein, nicht aus Pankow, sondern aus München. Und der Bayer, der ausgestiegen war, hatte immerhin einen Milliardenkredit einstecken. Eine Milliarde richtige DM! Aus den Medien hatte er später erfahren, daß der Gast gar nicht im Zug gewesen, sondern als Selbstflieger mit der Privatmaschine gekommen war.

Danach mußte er sich laut Dienstplan ganz unauffällig in der Fußgängerzone am Gewandhaus aufhalten und durch schärfste Personenbeobachtung eventuelle Störenfriede im Vorfeld enttarnen. Denn der Besuch des hohen Gastes aus dem Westen durfte keinesfalls von irgendwelchen Vorkommnissen überschattet werden.

Der ließ sich im Gewandhaus vom Kinderchor ein Ständchen bringen und kaufte hinterher allen ein Eis. Aus inoffiziellen Quellen wurde bekannt, daß er das Eis aus eigener Tasche bezahlt hatte, so daß die Milliarde in ihrem gesamten Umfang unserer Volkswirtschaft zugute kommen würde.

Der Oberwachtmeister hätte auch gern wieder mal eine Westmark gehabt. Die Verwandten, wegen deren Existenz ihm der

Besuch der Offiziersschule verwehrt worden war, schickten ja bloß ein mageres Weihnachtspaket mit Puddingpulver und Milchschokolade. Dabei aß er überhaupt keine Schokolade.

Na gut, bald kam die Herbstmesse. Da gab es dann und wann ein heimliches Fünfmarkstück von verschreckten West-Parksündern. Aber das lief auch nicht mehr so wie früher. Manche verlangten für die lumpigen fünf Mark eine Quittung. Er durfte also den West-Quittungsblock mit dem roten Balken nie vergessen.

Ein bißchen wunderte er sich schon, welcher Aufwand mit dem Scheckbringer aus der imperialistischen BRD getrieben wurde. Eine Woche zuvor waren sie in der monatlichen Parteiversammlung der Volkspolizei-Grundorganisation noch darauf orientiert worden, dem Hochrüstungskurs der USA mehr Initiativen bei der ständigen Erhöhung der ö.O/S, der örtlichen Ordnung und Sicherheit, entgegenzusetzen.

Auch eine Erhöhung der politischen Einsicht und schöpferische Dienstdurchführung waren gefordert worden. Da hätte er schon ein paar Vorschläge, wie sein stinklangweiliges Fußlatschertum schöpferisch zu entwickeln wäre. Zum Beispiel könnte man mehr Toni-Wagen einsetzen. Aber er sah die schmucken Polizei-Wartburgs mit fröhlich winkenden Kollegen immer nur an sich vorüberbrausen.

Dann würde er auch gern wissen, wer seine Kollegen »mit dem zweiten Dienstbuch« waren, also die Stasi-Leute, die als Volkspolizisten getarnt den Dienst versahen. Überhaupt wäre er froh, wenn er das Gefühl, ständig beobachtet zu werden, mal nicht mehr haben müßte. Es ist doch für einen, der als Personenbewegungsbeobachter und Fahndungskontrolleur arbeiten muß, unzumutbar, daß er selbst unter Beobachtung steht.

Wenn er in »Die goldene Laterne« kam, die in seinem Streifenbereich lag, da wußte jeder Kneipengänger, jetzt kommt die Staatsmacht in Uniform, also Vorsicht. Keine blöden Bemerkungen über Fußgänger, die die Straße diagonal überqueren.

Seinetwegen konnten sie sich die Polizistenwitze ja ruhig erzählen. Zur Ehre der Deutschen Volkspolizei der DDR sei allerdings gesagt, daß der Witz: »Warum gehen die Vopos immer nur Doppelstreife? – Damit sie zusammen die zehnte Klasse haben!« auf den Owm. nicht zutraf. Er ging Einzelstreife.

Was das klare Feindbild betrifft, das er in sich herausbilden sollte, so konnte er sagen, daß er eigentlich mit allen Leuten in seinem Streifenbereich gut auskam. Natürlich wußte er, daß die Marie zur Messe anschaffen ging. Aber solange sie mit ihrem Messeonkel im Auto nicht im Halteverbot stand, hatte er beide Augen zugedrückt. Er nahm auch Karl-Heinz nie mit aufs Revier, wenn der blau war und laut auf der Straße »Wenn das Wasser im Rhein goldner Wein wär« sang. Er wurde vom Oberwachtmeister nur ermahnt, die Nachtruhe der Werktätigen nicht zu stören.

Einmal hatte er das Feindbild in Fleisch und Blut erlebt, als er zur Messe nachts einen mit zehn Stundenkilometern ganz rechts fahrenden Mercedes stoppte. Der Mann blieb reglos hinter dem Steuer sitzen und ließ die Scheibe heruntersurren. Als der Owm. sich vorstellte, nahm ihm eine Alkoholwolke den Atem. Er holte das Röhrchen heraus und bat den Mercedes-Fahrer, da hineinzupusten. Der andere blickte auf die Schulterstücke und schüttelte den Kopf. »Ich puste nur für Offiziere«, preßte er mit norddeutschem Akzent hervor. Verdammt, der wußte Bescheid. Es gab tatsächlich eine Dienstanweisung, daß bei »Bürgern der BRD« die Alkoholkontrolle nur im Beisein eines VP-Offiziers durchgeführt werden durfte.

Bis auf diesen Vorfall hatte der Owm. mit den »Bundis« keine Probleme gehabt. Sie besaßen meist ein ausgeprägtes Selbstbewußtsein, wußten aber auch ziemlich genau, wenn sie im Unrecht waren. Und sie waren daran interessiert, daß ihre Messegeschäfte nicht durch eine alberne Parksünde noch litten.

Am besten kam er mit sowjetischen Soldaten hin. Wenn sie sich etwas zuschulden kommen ließen, hatten sie höllisch Angst, daß ihr Offizier es erfahren könnte. Als der Oberwachtmeister einen Russen-LKW längere Zeit im Halteverbot stehen sah und den Fahrer zum Weiterfahren aufforderte, legte der Russe den Zeigefinger auf die Lippen und machte: »Psst!« In dem Augenblick sah der Owm. jemanden hinten von der Ladefläche springen, der etwas in die Brusttasche seiner Uniformbluse steckte. Gleichzeitig bewegte sich ein Bürger mit einem 20-Liter-Benzinkanister von dem Fahrzeug fort. Der LKW fuhr los. Der Owm. war soeben Zeuge der »Ein-Liter-für-eine-Mark-plus-Kanister«-Aktion geworden.

Als er einmal einen sowjetischen Offizier zur Messe am Hauptbahnhof darauf aufmerksam machte, daß der mit seinem Dienstfahrzeug im Parkverbot stand, bekam er eine nicht alltägliche Antwort: »Nu, wer hat Krieg gewonnen? Du oder ich?«

Übrigens, als der Owm. neulich an seinem Beobachtungspunkt stand und den vorbeifließenden Verkehr betrachtete, stellte sich ein kleiner Junge neben ihn und sah ihm zu. Als der Oberwachtmeister ihn fragte: »Na, mein Kleiner, willst wohl auch mal Polizist werden?«, antwortete der Junge: »Nee, ich nich, aber mein Bruder, die faule Sau!«

Reise zum Ich

Nosce te ipsum – erkenne dich selbst. Ein wichtiger Satz von einem bedeutenden Philosophen. Leicht gesagt. Aber wer ist schon in der Lage, sich selbst zu erkennen. Wer hat ein Bild von sich, das dem entspricht, das andere von uns haben?

Wenn ich zum Beispiel in der Stadt an einem Schaufenster vorübergehe und mich darin betrachte, bin ich überrascht. Ich hatte mich viel größer und schlanker in Erinnerung. Gut, das sind Äußerlichkeiten. Aber mit der Selbsterkenntnis ist es wirklich ganz vertrackt. Entweder man hält sich für klüger und schöner, als die Umwelt es uns zugesteht, so gilt man als arrogant. Oder man hält die anderen für klüger und schöner, dann gilt man als Trottel.

Selbsterkenntnis hat natürlich in erster Linie etwas mit Selbstkenntnis zu tun. Zum Selbstbekenntnis ist es dann nicht mehr weit. Aber erst, wenn ich weiß, wer ich bin.

Die Erforschung des eigenen Ich ist nicht ganz unkompliziert. Alice im Wunderland muß erkennen, daß sie weder als Riesin noch als Zwergin weiß, wer sie eigentlich ist. Das heißt, die Vergrößerung des Ich bringt ähnliche Probleme wie die Verkleinerung. Es ändert sich die Perspektive, aber man paßt danach nicht mehr in die gewohnte Welt.

Das kann allerdings auch passieren, wenn man charakterlich anders ist als die anderen, zB. ein verrückter Hutmacher oder ein skurriler März-Hase, von einer Haselmaus ganz zu schweigen.

Aber wer kann in einem Land denn objektiv feststellen, wer eigentlich wer ist. Schon kurz nach der Menschwerdung des Affen begann sich eine bestimmte Sippe herauszubilden, die wohl mit auf Jagd ging, aber nie ein Tier erlegte. Eine Spezies der Sammler und Jäger, die schattengleich die fleißigen Artgenossen begleitete, selbst sammelte, aber nichts davon verzehrte. Aus dem gemeinsamen Topf dagegen nahmen sie sich reichlich. Wenn man sie zur Rede stellte, waren sie um eine Ausrede niemals verlegen. Sie wußten detailliert, wer wann wieviel und warum aus der gemeinsamen Schüssel gegessen hatte. Da die Mitglieder anderer

Sippen mit dem Sammeln und Jagen so beschäftigt gewesen waren, daß sie auf solche Einzelheiten nie geachtet hatten, widersprachen sie nicht, sondern sammelten und jagten desto eifriger weiter. Die bestimmte Sippe dagegen lag zwischendurch auf Bärenhäuten und trank immer noch eins.

Aus der Geschichte lernen, heißt siegen lernen. Diese Weisheit des griechischen Historikers Herodot machten sich später zahlreiche Regierungen zu eigen. Napoleon Bonaparte und Fürst Metternich z.B. entwickelten ein effektives Spitzelsystem. Der Dreispitz, der damals getragen wurde, besaß runde Ecken und war oft total verwanzt, so daß jedes Gespräch unter dem Hut zum Wagnis wurde. Die Hüter des Hutes hießen übrigens Hutterer. Sie haben später in Amerika eine ganz eigene Karriere gemacht.

Eine eigene Karriere machte auch das Ministerium für Staatssicherheit in der DDR. Obwohl erst 1950 als eines der *letzten* gegründet, wurde es – getreu dem Sprichwort – in dreißig Jahren zur *ersten* Instanz im Staate. Die Mitarbeiter sollten erkennen, was unsere Menschen im Innersten zusammenhält. Dann müßte sich auch keiner mehr hinsetzen und sich selbst erkennen.

Was das Hygiene-Museum in Dresden vorgeführt hatte, sollte auch für die Stasi (so wurde sie liebevoll vom Volk genannt – für die Herrschenden war es »die Sicherheit«) Allgemeingut werden: der gläserne Mensch. Er würde im Laufe der Zeit entstehen, indem man ihn unablässig beobachtete, sein Telefon abhörte, seine Briefe öffnete, seine Nachbarn, Freunde und Verwandte ausforschte – auch ohne Forschungsauftrag.

Man könnte dann jeder Hirnwindung folgen. Man könnte sehen, ob der zu Erkennende »Nerven zeigte«, »ein Unterdruckgefühl im Bauch« hatte oder »eiskalt« war. Nicht umsonst wurde diese Art Aktivität bei der »Firma« *operativer Vorgang* genannt. Alles wurde offengelegt und vor dem Erkenner ausgebreitet. Bei Bedarf bricht man die Operation ab, und alles ist wieder so, als wäre nichts gewesen.

Aber so einfach war es eben nicht. Da die Erkenner auch nur Menschen waren, machten selbst sie Fehler. Mal wurde vorm Gartentor des Betroffenen das Oktavheft mit den Beobachtungen verloren, mal wurde erst beim Rasieren bemerkt, daß man vergessen hatte, den falschen Bart abzunehmen, oder beim Fotografieren »verdächtiger Personen« wurde die Schärfe falsch eingestellt, so daß die entwickelten Bilder Unterwasseraufnahmen glichen.

Und auch nicht jeder Gesprächspartner war bereit, sich rückhaltloser Aufklärung hinzugeben. Mancher blockte bewußt ab oder flunkerte zuviel. Da nützten den Genossen von »Horch und Guck« selbst ihre allgegenwärtigen Ohren und Augen nichts.

Fragt man sich heute: »Wer bin ich eigentlich?«, so ist die Antwort alles andere als leicht. Einfacher ist dagegen die Frage zu beantworten: »Wer war ich denn?«

Man läßt sich einfach »gaucken«, und schon weiß man Bescheid. Oder man könnte Bescheid wissen, wenn die Reißwölfe nicht so effektiv gewesen wären.

Das Wort »gaucken« sucht man in der neuesten Ausgabe des Duden umsonst. Es müßte irgendwo zwischen Gaucho und gaukeln stehen. Daß eine Bundesbehörde – und noch dazu die »für die Unterlagen des Staatssicherheitsdienstes der ehemaligen Deutschen Demokratischen Republik« – nach ihrem ersten Beauftragten, dem ehemaligen Rostocker Pfarrer Gauck, benannt wurde, ist einmalig. Oder mußten sich die Kader der Stasi womöglich »mielken« lassen, ehe sie als »Kundschafter des Friedens« an die unsichtbare Front gingen?

Ich hatte an einem schönen Junimorgen um 8.30 Uhr die Möglichkeit, mir den Sand, den man uns früher in die Augen zu streuen versuchte, aus denselben zu wischen und die Reste meiner Stasi-Unterlagen zu begutachten. Es waren 89 Blatt übriggeblieben. Trotzdem klopfte das Herz. Aber wer wollte nicht »frei werden für die Gestaltung der Gegenwart«, wie es »Das Merkblatt zur Akteneinsicht« in Aussicht stellte.

Außer einer Karteikarte aus dem Jahre 1957 (da war ich 14!) umfaßte der Vorgang Berichte von 1981 bis 1989, die ausschließlich meine Arbeit im Leipziger Kabarett *academixer* betrafen. Ich war enttäuscht.

Weder tauchten Belege für meine »ideologische Unzuverlässigkeit« im Schülerkabarett auf, noch für eine nicht genehmigte Urlaubsreise nach Österreich im Jahre 1960 oder für meine Zuführung »wegen Anlaufens der Staatsgrenze« 1962. Nichts über die angedrohte Exmatrikulation »aus ideologischen Gründen« 1968, die vier Ablehnungen für eine Planstelle an der Universität aus »kaderpolitischen Gründen«, kein Hinweis auf eine »subversive Gruppenbildung« beim gemeinsamen Lesen »imperialistischer Literatur«.

Vielleicht war das »Schild und Schwert der Partei« doch nicht so allgegenwärtig, wie man uns hatte glauben machen wollen? Oder war meine Person gar nicht so wichtig, wie ich meinte? Nein, nein, das konnte nicht sein. Also doch der Reißwolf.

Ebenso unkommentiert war 1971 die überraschende Genehmigung einer Dienstreise als Verlagslektor ins NSW (nichtsozialistisches Wirtschaftsgebiet), der Aufbau streng untersagter privater Kontakte zu britischen und französischen Staatsbürgern, deren Einreiseformulare bei späteren Besuchen in Leipzig aber von den »Tschekisten« minutiös gesammelt und kopiert wurden.

Ich fand auch Belege für den Versuch, Freunde aus München und Edinburgh als IM zu gewinnen. Als Vorlauf-IM waren sie schon in demselben ausgeschieden und hatten nicht einmal den Zwischenlauf, geschweige denn das Finale erreicht.

Wenn ich damals geahnt hätte, daß z.B. drei Professoren und eine promovierte Dame als Quellen für die Dunkelmänner gedient hatten, die sich als »Aufklärer« brüsteten, wäre ich schamvoll errötet. Ihre Erkenntnisse über meine Person waren auch derart tiefschürfend, daß es dazu natürlich einer vollakademischen Ausbildung bedurfte: »B. hatte Lehrer für Deutsch/Englisch gelernt ... B. ist ein bildungshungriger Mann ... B. ist ein sehr ruhiger und verläßlich arbeitender Mensch, er kümmert sich auch um das gesundheitliche Wohlbefinden der Kollegen. B. hat ein kleinbürgerliches Freiheitsideal. Seine ehelichen und sonstigen Verhältnisse gelten als geordnet.«

Leider habe ich nicht erfahren, welche »sonstigen Verhältnisse« hier angesprochen wurden. War es das Arbeitsverhältnis? Mein

Verhältnis zur englischen Literatur? Oder das Vertrauensverhältnis zur Partei der Arbeiterklasse? Vielleicht waren auch nur die Wetterverhältnisse gemeint?

Auf jeden Fall konnten solch komplizierte Verhältnisse nur ganz linientreue Genossen mit höchstem Bildungsgrad durchschauen. Oder Hausbewohner, die uns meist postwendend von entsprechenden Fragestunden berichteten. Sie malten unser Verhältnis zum Staat der Arbeiter und Bauern in den leuchtendsten Farben.

Und wir revanchierten uns, wenn ein wissensdurstiger junger Mann vom MdI (Ministerium des Innern) bei uns nachfragte, ob die Nachbarn für eine Urlaubsreise nach Jugoslawien die notwendigen staatsbürgerlichen Tugenden besäßen. Wir wußten zwar, daß sie die Volkswahlen boykottierten, bestätigten ihnen aber natürlich ein gesundes Vertrauensverhältnis zu unserer Republik. Sie durften fahren, und sie kamen auch wieder zurück in die DDR.

Einer ehemaligen Hausbewohnerin galt noch Jahre nach ihrem Auszug der ungebremste Erkenntnisdrang eines »Mitarbeiters«. Auf die Frage nach Fotos von Haus- oder Hoffesten erinnerte ich mich, daß sie neben ihrer Tätigkeit als Verkäuferin eine Nebenertragsquelle als Aktmodell besessen hatte. Beim Durchblättern des harmlosen Fotobandes wuchs seine Verlegenheit mit jeder umgeblätterten Seite. Mit einem Seufzer schloß er das Buch und bemerkte einigermaßen verzweifelt: »Und für solche Schweinereien kriegen die noch Geld ...« Dabei hätte doch gerade ein »Mitarbeiter« wissen müssen, daß es in der DDR für ganz andere Schweinereien weitaus mehr Geld gab.

Als Erich Loest nach seiner Ausreise aus der DDR zu einem Kurzbesuch mit einer westdeutschen Lehrerdelegation in Leipzig war, kam er in unsere Vorstellung. Anschließend saßen mein Kollege Bernd-Lutz Lange, Erich Loest und ich noch bis nach Mitternacht im academixer-Keller zusammen. Zwei Tische weiter langweilten sich im sonst leeren Raum zwei junge Paare, die endlich mit uns aufbrachen und uns »einen schönen Feierabend« wünschten. Wir gaben den Wunsch zurück.

Die Aktenreste enthielten auch das Protokoll eines Gesprächs, das in Erich Loests Wohnung abgehört worden war. Mein Kollege Bernd-Lutz Lange und ich hatten damals gehofft, die Loests würden in Leipzig bleiben. Wir sprachen über Publikationsmöglichkeiten, die sich verbessern könnten, wenn die Betonköpfe in der Parteiführung an Einfluß verlieren würden.

Das Hauptproblem der horchenden Klasse war in diesem Fall gewesen, die Stimmen zu identifizieren, was ihnen bei Bernd-Lutz Lange und mir nicht gelang!

Womöglich hatte ein Genosse während des Gesprächs im Besenschrank gesteckt und deshalb nur gehorcht und nicht geguckt. Oder war in dem schwarzen Wolga, der den ganzen Abend vor Loests Tür geparkt hatte, ein Richtmikro versteckt gewesen?

Wie kann ich »frei werden für die Gestaltung der Gegenwart«, wenn mir wesentliche Erkenntnisse verwehrt sind? Und wer war ich letztendlich? War ich der, der ich war? Oder nur der, der ich sein sollte, oder vielleicht gar der, der ich sein mußte, weil ich nicht wollte, wie ich sollte?

Wie sagten die Alten: *Scio nescio*, ich weiß, daß ich nichts weiß. Oder wie die Stasi es übersetzte: Ich weiß, daß ich nicht Ski fahren kann!

Streckenläufer

Als ich neulich beim Dauerlauf, also beim Joggen, es kann auch beim Power Walking, beim flotten Spaziergang, gewesen sein, eine Pause machte und mich auf einer Bank im Auwald niederließ, setzte sich ein korpulenter älterer Herr zu mir und begann ohne Umschweife:

Wenn ich mich erst einmal vorstellen darf: Mein Name ist Kröstel, Gerald Kröstel, Streckenläufer, das heißt Streckenläufer a. D. Ich war bis 1994 bei der Deutschen Bundesbahn, vorher bei der Deutschen Reichsbahn – hauptamtlich. Nebenamtlich war ich Schriftführer des Brigadetagebuchs. Das war eine äußerst verantwortungsvolle Tätigkeit. Denn wenn das Brigadetagebuch nicht ordnungsgemäß geführt wurde, war es Essig mit dem Titelkampf. Der schönste Opernbesuch nützte nichts im Wettbewerb um den Titel »Brigade der sozialistischen Arbeit«, wenn die Eintrittskarten nicht ordentlich eingeklebt waren.

Wir sind übrigens immer ins Kabarett gegangen. Da mußte man natürlich jemanden kennen, der Beziehungen zu Kabarettkarten hatte. Ich hab die Karten für die Brigade immer von unserem Fleischer gekriegt. Der kriegte von mir mal 'ne Freifahrt, und der Mann vom Kabarett bekam vom Fleischer eine Lende. Alles gegen Bezahlung natürlich. Ordnung muß sein.

Ordnung herrschte übrigens auch in meinem Brigadetagebuch. Penible Ordnung. Das gucke ich mir heute noch gerne an: das Protokoll von der Gewerkschaftswahl, die Eintrittskarten vom Lenin-Museum in Smolensk und die Rechnung vom Ringelpiez mit der Brigade. Fein säuberlich dokumentiert. Mußte ja alles am Jahresende pünktlich abgegeben werden. Da gab's keine Verspätung wie beim ICE.

Alles lief über die Gewerkschaft. Die Gewerkschaft hatte schon früher eine führende Rolle bei uns. Da gab's zwar keine Tarifkonflikte, aber die Funktionäre gerieten nicht selten mit sich selbst in Konflikt, wem sie die begehrten Ostseeferienplätze zuschieben sollten. Mit deren Verteilung waren die Funktionäre dann auch voll beschäftigt.

Heute ist das natürlich ganz anders, obwohl Gewerkschaftsbosse manchmal eine verblüffende Ähnlichkeit mit den alten Funktionären aufweisen. Oder sollte es von denen gar noch welche geben?

Na ja, ganz egal wie. Bei uns liegt der Streckenläufer jedenfalls in der Familie. Ich bin aber der letzte. Mein Vater ging 1937 zur Bahn, mein Großvater war seit 1912 dabei. Und ich hab's seit 1963 gemacht. – Hätten Sie jetzt nicht gedacht, was? Na ja, Unkraut vergeht nicht.

Also ich war ja nicht nur Streckenläufer. Mein Gott, was ich alles gemacht habe bei der Bahn. Bloß ein Sesselfurzer war ich nie. Manchmal hab ich geträumt von den 75 Metern Schiene, den vier Schrauben mit Federring durch den Steg. Ja, ich habe die Schwellen gezählt. Ob sie alle noch da sind! – Sie lachen, aber nach '45, da waren über Nacht nicht nur die Schwellen verschwunden. Sogar die Oberleitungen haben die Russen abmontiert. Na, die hatten doch nichts. Und wir hatten auch nichts. Und das wurde dann brüderlich geteilt.

Kennen Sie noch den Witz, Sie sind doch von hier? – Sagt ein Bahner aus dem Westen: »Du, bei uns fahren die Züge so schnell, daß du die Telegrafenstangen nicht mehr siehst!« Darauf der aus dem Osten: »Das ist noch gar nichts, bei uns fahren sie so schnell, daß du das zweite Gleis nicht mehr siehst!«

Verstehen Sie? Die Russen: Zapzarap!

Ich mußte auch das Streckentelefon warten. Also das Warten war ja unsere Spezialität. Eine Verspätung jagte dieselbe. Zwei Kramer war ganz normal. Kramer hieß damals unser Verkehrsminister. Und ein Kramer war so um eine halbe Stunde. Wir haben das aber nicht für uns behalten, wie es einem heutzutage auf den Bahnhöfen passiert; wir haben das gleich an die Eisenbahnwagen drangeschrieben: DR – Dein Risiko! – Der ist gut, was?

Nee, mal ganz im Ernst: nach dem Krieg gab es zwar kein Deutsches Reich mehr, aber die Deutsche Reichsbahn. Die war unbesiegbar. Und wer hat die geerbt? Natürlich die »Sieger der Geschichte« – wir! Bei uns rollte ja damals noch die dritte Klasse, die »Holzklasse«. Später hatten wir dann die führende Rolle der Arbeiterklasse.

Ja, und dann kam der »Taigabüffel«, diese Diesellok vom großen Bruder. 2000 PS! Ohne Schalldämpfer! Da wanderten noch drei Kilometer neben dem Gleis die Tassen im Schrank. Und die rumänische »Karpaten-Ziege« war auch nicht von schlechten Eltern.

So, wo war ich stehengeblieben? Beim Sparen. Das ist ja ein ganz seltenes Thema. Also im Osten wurde seit jeher gespart. Koste es, was es wolle. Nur mal ein Beispiel: die »Sandschwellen«. Holz war knapp. Da legte ein Erfinderkollektiv den Neuerervorschlag auf den Tisch: Schwellen aus Abfallstoffen. Jubel im Ministerium. Orden »Banner der Arbeit« für die Erfinder. Leider löste sich das Kollektiv bald auf. Kurz darauf auch die Schwellen. Die zerfielen wie Sand. Millionenverluste für die Deutsche Reichsbahn. Seitdem wissen wir, was das ist: Schwellenangst. – Die Deutsche Reichsbahn gibt es zwar nicht mehr, aber Millionenverluste gibt es weiterhin.

Die Strecken waren bei uns zu 150 Prozent ausgelastet. An jedem Signal stand ein Zug. Wenn es die DDR noch fünf Jahre länger gegeben hätte, wäre aus dem Fahrplan ein Standplan geworden. Der einzige, der sich bewegt hat, das war ich.

Ich hatte mal 1200 Überstunden in einem Jahr! Mit 44 hatte ich schon 65 Jahre gearbeitet. Ich wäre also erst mit 86 Rentner geworden. Da kann sich die Deutsche Bundesbahn mal ein Beispiel nehmen. Die schickt ihre Leute schon mit Anfang 50 in Frührente.

Aber Spaß beiseite, wo war ich stehengeblieben? Beim Streckenläufer. Selbst der beste Streckenläufer kann von seiner Strecke abkommen. Ist mir auch passiert – in Berlin. Plötzlich stand ich vor einem Zaun mit Stacheldraht und Wachposten. Dahinter ein Zug mit drei besetzten Lokomotiven. Drei!

Da funkte es bei mir: der Regierungszug, der Mumienexpreß! Wahrscheinlich stand wieder mal 'ne Staatsjagd auf dem Plan, und der Zug mußte warten, bis die Rehe im Wald angebunden waren. Da war die »Bonzenschleuder« – unser Städteschnellverkehr für die Dienstreisenden aus der ganzen Republik, die in Berlin einkaufen wollten – gar nichts dagegen.

So war das bei uns. Aber heute ist ja alles ganz anders. Vom Klopapier bis zur Verfassung. Der Schaffner ist zum Zugbegleiter geworden. Und die Platzkarte heißt Reservierung. Früher war einem damit ein Platz sicher, heute steht man »in Reserve«. Die Wege der Deutschen Bundesbahn sind ohnehin unergründlich.

Manchmal sind die ehrenwerten Motive der Bahn allerdings leicht zu durchschauen. Will man zum Beispiel von Leipzig nach Schwerin, so konnte man früher in der Messestadt mit dem Fahrrad und den sieben Gepäcktaschen in den Zug steigen und war in Null Komma nichts in der Mevopo-Hauptstadt. Kein Streß, keine Anstrengung. Man war es zufrieden.

So konnte es natürlich nicht bleiben. Ohne jegliche körperliche Ausarbeitung! Von einer großen Stadt in die andere zu fahren, ohne das erfrischende Umsteigen. Heute muß man zweimal umsteigen, mit Übergangszeiten von vier Minuten und körperkräftigendem Bahnsteigwechsel. So muß es sein.

Also wo war ich stehengeblieben? Ach ja, bei der Wende. Das war 'ne Überraschung. Als wären Ostern und Weihnachten auf einen Tag gefallen. Gefallen ist die DDR ja schon jahrelang – in sich zusammen. Es hat bloß keiner gemerkt. Obwohl in meinem Brigadetagebuch alles fein säuberlich drinstand.

Dafür haben wir jetzt unsere eigene Eisenbahnergewerkschaft. Die hat es geschafft, daß wir über 100000 Arbeitsplätze einsparen konnten. Seit wir privat sind, gilt das Motto: Privat geht vor Katastrophe. Wir sind nun kein staatlicher Betrieb mehr, sondern ein stattlicher. Ein schlankes Unternehmen, eine Zeitlang direkt dürr. Eine Aktiengesellschaft mit 51 Prozent staatlicher Beteiligung. Das heißt, Sie bezahlen die Fahrkarte zweimal. Einmal am Schalter und einmal mit ihren Steuern.

Also ich verzichte ab sofort auf Rückfahrkarten. Und sollte mich ein Zugbegleiter danach fragen, zeige ich ihm meine Steuererklärung!

II Startvorbereitungen

Jahre später. Zur Erinnerung: Ich hatte in unserem Keller die Bauteile für ein Floß deponiert, mit dem ich ins ewige Eis schwimmen wollte. Es handelte sich um Floßrollräder, einen Bootshaken, ein Poesiealbum als Logbuch und ein rosa Kunsthanfseil. Und natürlich – fünf sieben Meter lange Baumstämme.

Jeden Wintermorgen (Heizperiode: September bis Mai) waren vier Eimer Kohlen und eine Schütte Koks über die Baumstämme zu balancieren. Darum hatte ich beschlossen, eine Gasheizung zu beantragen.

Es gab zwei Wege, um ein Gaskontingent und die notwendigen Gamat-Heizkörper zu bekommen: den Amtsweg oder Fußballspielen mit einem höheren Funktionär der Sozialistischen Einheitspartei Deutschlands. Ja, die SED hieß wirklich »Einheizpartei« Deutschlands.

Der zweite Weg war natürlich weitaus kürzer und unaufwendiger. Als linker(!) Verteidiger der prominenten »Freizeitmannschaft« hätte ich möglicherweise Zugang zu den Schätzen der Politprominenz haben können?! Natürlich müßte ich mir verkneifen, den zuständigen SED-Sekretär beim Fußballspiel ständig vors Schienbein zu treten.

Doch obwohl ich passionierter Fußballspieler bin, kam diese Möglichkeit für mich nicht in Frage. Ganz abgesehen davon, daß die Fußballspiele am Sonntag früh, sehr früh stattfanden!

Da ich mich also gegen das Fußballspiel entschieden hatte, blieb leider auch die Gasheizung ein frommer Wunsch. Ich mußte weiterhin über die im Keller langsam die Rinde verlierenden Baumstämme balancieren, die nun schon deutlich sichtbare Trittspuren aufwiesen. Das war natürlich keine Lösung. Sollte ich es doch auf dem Amtsweg versuchen?

Das wiederum hielten Freunde und Bekannte für aussichtslos.

»Hast du denn auf dem Amt schon mal einen Briefumschlag rübergeschoben?«

»Ja.«

»Und – was hast du reingetan?«

»Einen Antrag auf eine Heizung.«

»Aussichtslos! Hast du wenigstens mal ein Päckchen Kaffee mitgenommen? Den guten natürlich.«

»Also, Kaffee hatten die dort. Die haben ständig welchen getrunken.«

»Aussichtslos!«

Dabei schien es ganz einfach zu sein. Eine Bekannte, die auf unterer Ebene im VEB Energiekombinat arbeitete, gab mir einen Tip, wie ich den Vorgang, dessen Bearbeitung »durchaus ein paar Jahre dauern könne«, durch geschickte Manipulation »in die Gänge« bekäme. Einer ihrer Chefs war ein passionierter Skatspieler. Der dritte Mann in seiner Runde, der in einem Außenhandelsbetrieb arbeitete, war vor kurzem nach Wien versetzt worden. Falls ich einen guten Bekannten wüßte, der an dessen Stelle treten könnte, wäre mir die Zuteilung eines Gaskontingents sicher. Na gut, da habe ich eben mit ihnen Skat gespielt.

Einmal bloß! Denn meine Devise war schon immer gewesen: Ich gehe den geraden Weg. Ich mache keine krummen Touren! Jedenfalls nicht so oft.

Nach zweieinhalb Jahren war ich meinem Ziel ganz nah. Mir zitterten die Knie. Es fehlte nur noch eine Genehmigung. Reine Formsache – dachte ich.

Alle Sachfragen waren geklärt. Das Gaskontingent bereitgestellt. Der Termin bestätigt. Der Bezirksschornsteinfeger hatte sich für die Sache und der Gasmonteur sogar schon das Gasrohr erwärmt. Jeden Augenblick konnte es losgehen. Und dann ging es wirklich los. Aber nach hinten. Oder besser nach oben. Das heißt, alles flog in die Luft. Ich meine: löste sich in Luft auf.

Und wer war schuld? Ich. Ja, ich selbst. Während im Energiekombinat die Notstromvariante für den Tag X bestätigt wurde, zogen wir um den Leipziger Ring und skandierten: »Wir wollen mehr Licht, mehr Luft und mehr Sonne!« Und »wir« – das waren mehr als 100000 Menschen.

Wenn die Bereitstellung des Gaskontingents allein für mich schon zweieinhalb Jahre gedauert hatte, wie lange würde es dauern, bis auch nur 1000 Menschen mehr Strom für Licht und mehr Gas für Wärme bekämen? Es hätte mindestens 2500 Jahre gedauert. So lange hatten ja nicht einmal die Sachsen gebraucht, um im gleichnamigen Landstrich Fuß zu fassen!

Es drohte das Chaos. Das war zwar für DDR-Betriebe kein ungewohnter Zustand, aber diesmal kam keine Plankorrektur aus Berlin. Es würde keinen Gegenplan mehr geben. Das wußte auch das Energiekombinat. Es war fassungslos. Brach zusammen. Damit war mein Traum von einer Gasheizung ausgeträumt. – Und was hat das alles mit meinem Floß zu tun? Ganz einfach: Keine Heizung bedeutete: weiter Kohlen schleppen, weiter dabei über Baumstämme balancieren, bei Absturz vom Bootshaken aufgespießt werden …

Nun, man muß ja nicht gleich mit dem Schlimmsten rechnen. Gleich nicht. Aber bald. Denn was war das Schlimmste für mein Floß: Daß es, statt aufs Eis gelegt zu werden, auf Eis gelegt würde. Und daß es, statt wenigstens auf dem Wasser zu schwimmen, ins Feuer geschoben werden könnte. Wenn das auch sinnvoller schien, als es beim Abriß unseres Hauses dem Bulldozer zum Fraß vorzuwerfen.

Ich hielt es anfangs für einen Scherz, daß unser Haus (man sagt das so dahin), welches natürlich nicht *unser* Haus war, abgerissen werden sollte. Es handelte sich schließlich um eine Stadtvilla aus dem 19. Jahrhundert, und damit um das zweitälteste Haus in der Straße. Dazu gehörte ein 400 Quadratmeter großer Garten mit alten Bäumen. Das alles zehn Minuten vom Stadtzentrum entfernt. Derlei würden die Stadtväter doch nicht zulassen. – Sie ließen es zu!

Also mußten die Bestandteile des Floßes entsorgt werden.

Doch so leicht war das nicht. Den Bootshaken – auch Enterhaken genannt – konnte man im Garten zum Abstützen von Ästen des Apfelbaums verwenden. Das Kunsthanfseil mochte noch als Wäscheleine dienen, obwohl wir schon seit Jahren im Garten keine Wäsche mehr aufgehängt hatten. Die Floßrollen würde ich in dem Kasten mit dem Aufkleber »Manweißjaniewozumanesnochgebrauchenkann« aufbewahren. Aber was sollte aus den Baumstämmen werden? Sollte ich sie wirklich dem Feuer übergeben? Dann würde die Fahrt mit dem Floß ein frommer Wunsch bleiben. Des Nachdenkens war kein Ende. Oder wie wir Sachsen sagen: Ich simbelierte und simbelierte …

Schneller als ich waren die Bulldozer-Fahrer. Eines Morgens hatten sie »aus Versehen« unsere 50 Jahre alte Kastanie umgefahren. Und so erging es auch den Birken, den Robinien, den Pappeln, dem Kirschbaum, dem Nußbaum, den Apfelbäumen, Hecken und Sträuchern – von Gemüsebeeten ganz zu schweigen.

Nur meine Floßstämme entgingen dem Massaker. Sie hatten Glück. Sie waren schon tot.

Sah so das Ende meines Kindertraums aus? Oder würden die Stämme vielleicht eines Tages doch noch elegant zusammengebunden und – den Bootshaken tragend, mit Rollen in Reserve – das ewige Eis erreichen …

Ist das Märchen wahr?

Die Brüder Grimm sammelten Mitte des 19. Jahrhunderts alte deutsche Volksmärchen. Schon damals zeigte sich: Märchen sind nicht nur Märchen im Sinne von »Erzähl mir doch keine Märchen!«. Das heißt: Erzähl mir doch keine Dinge, die nicht wahr sind, oder: Hau mir doch nicht die Taschen voll! Märchen enthalten immer ein gerüttelt Maß an gesellschaftlicher Wirklichkeit.

Nehmen wir einmal *Rotkäppchen*. Schon in der Grimmschen Variante fallen gewisse Akzentuierungen auf, die ungewöhnlich erscheinen: Warum spielt der Vater von Rotkäppchen keine Rolle? Wer ist überhaupt ihr Vater?

Ähnlich ist es bei *Schneewittchen* und *Aschenbrödel*. Die Triebkräfte vieler Märchen sind die Frauen, die Mütter (meist Stiefmütter). Sie haben das Zepter in der Hand. Also ganz klar ein Hinweis auf die sich entwickelnde Frauenrechtsbewegung. Aber nicht nur Frauen, auch Mädchen sind Handlungsträger: Die tapfere Schwester in den *Sieben Schwänen* und das selbstlose Mädchen aus *Brüderchen und Schwesterchen*. Die Beispiele ließen sich noch beliebig fortsetzen.

Die Gesellschaftsbezüge der Märchen werden noch deutlicher in den sächsischen Märchenadaptionen der Lene Voigt. Rotkäppchen stammt aus einer armen Familie – sie bekommt als Wegzehrung »Bemmchen mit Kunsthonig«, nicht etwa mit »guter Butter«. Die Großmutter dagegen gehört offensichtlich dem gehobenen Bürgertum an, denn sie besitzt sogar ein Telefon. Und daß Rotkäppchen den Wolfsbauch statt mit Steinen mit »Brigetts ausn Gohlngasten« füllt, ist ebenfalls ein Zeichen für den Wohlstand der Großmutter.

Die Familie von Hänsel und Gretel gehört zur Arbeiterklasse, denn der Vater pfeift »de Indernazionale« und die Kinder antworten mit »dr Marsälliäse«.

Die Stiefmutter und Stiefschwestern lassen sich von Aschenbrödel »de gabutten Schtrimbe schtobben«. Sie leben also noch nicht in der Wegwerfgesellschaft. Aschenbrödel, die absolut

Unterprivilegierte, soll als Kleid »dn Scheierlabben oder ä baar Fänsterleder« tragen, während die anderen sich mit »Ballkleedern« auftakeln und dazu noch Schmuck tragen dürfen. Hier zeigt sich doch die Zweiklassengesellschaft in ihrer eklatantesten Form.

Daß die sieben Zwerge von Schneewittchen heimlich im Widerstand waren, wird ganz unterschwellig klar: Obwohl sie den Prinzen mit »Heil!« grüßen, tanzen sie anschließend vor Freude »Scharlsten«, den dazumal verpönten amerikanischen Tanz.

Die Hofdamen, die geduldet hatten, daß der Schweinehirt die Prinzessin küßte, »grichten alle fuffzch Brozent vom Gehalte abgezogen un fier dieses Jahr geene Weihnachtsgradefikation«. Eine märchenhafte Strafe? – Allerdings! Denn wenn heute das Vorstandsmitglied einer kapitalträchtigen Institution wegen Unfähigkeit entlassen wird, erhält er oder sie eine Abfindung in Millionenhöhe.

Daß auch die Märchenzeit eine arbeitspolitisch brisante war, zeigt die Tatsache, daß die Dornröschen-Dornenhecke von »änner Golonne Arbeetsloser rausgerubbt« wurde.

Was lehrt uns das? Auch die Märchen sind in grauer mythenträchtiger Vorzeit nicht im luftleeren Raum, sondern unter den konkreten gesellschaftlichen Bedingungen der Jäger und Sammler der Märchenstoffe entstanden. Und so ist es durchaus kein Zufall, daß der Begründer des Historischen Materialismus, Karl Marx, ein Jahr vor Erscheinen der zweiten Ausgabe der Grimmschen *Kinder- und Hausmärchen* geboren wird und Mary Shelley 1818 ihren *Frankenstein* schreibt, ein modernes Märchen.

Eins jedenfalls ist sicher: Der Wahrheitsgehalt der Märchen ist weitaus höher, als die meisten Menschen glauben. Am besten läßt sich die Behauptung im Umkehrschluß beweisen. Die Wahrheit – wie auch die gesellschaftliche Wirklichkeit – enthält weit mehr märchenhafte Züge, als wir zuzugeben gewillt sind. Und weil die Märchen keine Erfindung sind, ereignen sie sich im Alltäglichen.

Zweimal jede Woche kann jeder an jedem Ort in Deutschland mit Hilfe der Lottofee einen Schatz finden. Man kann im real existierenden Fernsehen oder Rundfunk märchenhafte Summen gewinnen. Könige, Prinzessinnen und deren Geliebte werden mit unser aller Steuergeldern wirklich bezahlt. Und Märchenhochzeiten mit oder ohne böse Schwiegermütter sind doch eigentlich das Schönste, was sich Lieschen Müller vorstellen kann. Oder?

Nutzloses Wissen angewandt

Wissen ist Macht. Aber macht Wissen mächtig? Oder nur klug? Nicht jeder, der etwas weiß, weiß auch, wie er dieses Wissen anwenden kann. – Die Stasi wußte am Ende so viel, daß sie gar nicht mehr wußte, was sie wußte. Andererseits macht Wissen nicht automatisch klug. Man muß auch wissen, wenn man etwas weiß, wie man das zu dem, was man vorher schon wußte, in Beziehung setzen kann. Oder vielleicht ist alles Wissen eitler Tand? – Wer weiß?

Von Goethes *Faust* wissen wir nur, daß wir nichts wissen können. Aber was können wir mit diesem Wissen anfangen? Je mehr wir wissen, desto weniger wissen wir. Und wenn wir eines Tages alles wissen, wissen wir gar nichts mehr.

Das heißt: eigentlich ist unser Wissen nutzlos. Aber gerade dieses nutzlose Wissen anzuwenden, bedeutet eine Negation der Negation, also eine Position, etwas durchaus Positives.

Das Wissen um die Tatsache, daß man, wenn man mit dem Kopf gegen die Wand schlägt, pro Stunde 150 Kalorien verbraucht, bringt allein noch nicht viel. Bloß wozu hat dieses Wissen schon geführt, und was kann man noch daraus machen, wenn man es zielgerichtet anwendet?

Das Institut für Ernährungswissenschaften hat z.B. bestätigt, daß die o. g. Methode sich nicht zur Behandlung von Übergewichtigen eignet, weil ein sichtbarer Effekt bei Fettleibigkeit erst eintritt, wenn man mehr als 24 Stunden täglich mit dem Kopf gegen die Wand stößt. Und das hält keine Wand aus.

Nichtsdestotrotz wurde unter dem Eindruck der o. g. schmerzhaften Erkenntnis die sogenannte Gummizelle erfunden. Es handelt sich dabei um einen Raum mit gepolsterten Wänden, der weitaus bequemer ist als eine Zwangsjacke. Leider wurde diese Erfindung nur im medizinischen Bereich eingesetzt. Der Vorschlag meines Großvaters, Politiker sich feindlich gegenüberstehender Staaten gemeinsam in eine Gummizelle zu sperren, fand nur in Geburtstagsrunden Anerkennung.

Sollte man mit dem Kopf *durch* die Wand wollen, so ist dieser

Beschäftigung aufgrund des geringen Kalorienverbrauchs eine gewisse Aussicht auf Erfolg beschieden. Es ist aber zu empfehlen, vorab eine Besichtigung dessen vorzunehmen, was einen auf der anderen Seite der Wand erwartet. Andernfalls könnte die Enttäuschung darüber den Wert der geleisteten Anstrengung mindern.

Interessant scheint in diesem Zusammenhang noch die Frage, warum Menschen, die mit dem Kopf gegen die Wand schlagen, dabei entspannt lächeln. Die Antwort ist ganz einfach: Trotz des geringen Kalorienverbrauchs bedeutet diese Tätigkeit eine nicht unbeträchtliche Anstrengung. Um die nicht noch unnötigerweise zu erhöhen, wird einfach gelächelt. Das erscheint unlogisch? – Keineswegs! Zum Lächeln müssen nur 17 Muskeln bewegt werden, zum böse Dreinschauen aber 43; darum geht der Mensch bzw. der Kopf den Weg des geringsten Widerstands und bewegt nur 17. Diese o. g. Tätigkeit wird auch immer im Sitzen ausgeführt, da für jeden Schritt 54 Muskeln zusätzlich bewegt werden müßten.

Natürlich kann man 150 Kalorien pro Stunde auch verbrauchen, wenn man das von Maurice Ravel geschriebene Klavierstück für einen Einhändigen mit beiden Händen spielt. Dabei wird – anders als beim Kopfstoßen – die Tapete an der Wand auf keinen Fall beschädigt. Und Kopfschmerzen treten danach nur auf, wenn man das Stück länger als 12 Stunden am Stück übt oder wenn das eigene Klavier zu den 50 Prozent aller Klaviere gehört, die verstimmt sind.

Klavierkonzerte in Monaco werden immer vom Symphonieorchester begleitet, niemals von der Armee. Warum? – Weil die monegassische Armee keinesfalls Orchesterstärke erreicht. Ob das Orchester auch eingesetzt wird, wenn der Regierung einmal der Marsch geblasen wird, war nicht zweifelsfrei festzustellen.

Lob des Dickseins

Was ist denn? Ja, ich bin dick. Ich weiß das. Ich war schon immer dick. Schon als ich klein war – als ich noch jung war. Damals hatte ich allerdings zum Ausgleich blonde Locken.

In der Schule war ich beim Sport immer »der kleene Dicke«. Aber dafür schaffte ich im Hochsprung 1,55 m. Mit Bauchwälzer! Ich konnte also fast über mich selber drüberspringen. Das sollten Sie mal versuchen!

Dadurch, daß ich dick war, wirkte ich natürlich noch kleiner. Das brachte mir enorme Vorteile: Ich konnte zum Beispiel in der Eisenbahn viele Jahre länger zum halben Preis fahren. Ich konnte im Theater Kinderrollen spielen – wenn ich ordentlich rasiert war. Ich habe jahrelang mit meinen Kindern Fußball gespielt, und keiner wußte, daß ich der Vater war – wenn man weit genug entfernt stand.

Ich war überhaupt ein bekannter Fußballer. In Dresden. In Dresden-Trachenberge. Wissen Sie, gegen wen ich gespielt habe? Gegen Matthias Sammers Vater. Und ich war Bezirksmeister. Aber ich war dick! Es ging trotzdem!

Wer sagt denn eigentlich, daß man nicht dick sein soll?

1. Die Ärzte, 2. Die Diätindustrie, 3. Professoren der Ästhetik. Alles Heuchler. Die verdienen am meisten an den Dicken. Die Ästheten behaupten, dick sei häßlich. Die sollen sich mal in der Dresdner Gemäldegalerie die Bilder von Rubens angucken. Die Weiberärsche! Und die Ratsherrenwänste. Aus der Zeit stammt übrigens der Satz: Ein Ratsherren-Medaillon darf nicht hängen, es muß liegen!

Und von wem sind denn die großen Erfindungen gemacht worden? Von Menschen, die bequem waren, die sich manches erleichtern wollten, meist übergewichtig waren. Also haben sie etwas erfunden. Der Baron von Drais, der das Fahrrad erfand, aß jede Menge Maultaschen und Spätzle. Deswegen wollte er lieber fahren als gehen. Auch die Herren Benz und Otto waren nicht überschlank und einem Kraftfahrzeug zur Fortbewegung daher nicht abgeneigt. Selbst Einstein hatte einen kleinen Bauch und zog daraus die logische Schlußfolgerung: Alles ist relativ!

Schauen wir uns doch einmal um: Wer ist schon ohne Fehl und Tadel? Mancher hat zu große Ohren oder eine schiefe Nase oder fast keinen Busen! Aber das sagt doch nichts aus über den Menschen. Ist denn Joschka Fischer ein besserer Außenminister als Herr Kinkel, weil er weniger wiegt? Nein, weil er gern ißt. Und wenn er nicht so eine junge Frau hätte, könnte er auf den Marathon verzichten und sähe aus wie ich.

Ein chinesischer Philosoph hat vor zweieinhalbtausend Jahren festgestellt, daß dem Menschen nach Abzug von Kindheit, Greisenalter, Schlaf und seelischen Belastungen etwa zehn Jahre unbeschwerten Lebens bleiben. – Falls man nicht auch noch eine schöne Frau hat. Dann reduziert sich die Zeit durch den Streß der Eifersucht weiter. Vielleicht auf sieben Jahre.

So. Und die paar Jahre soll ich mir mit kalorienarmem Essen, Light-Produkten und alkoholfreiem Bier versauen?

Da bleib ich lieber dick.

Die Anregung aus der chinesischen Philosophie verdanke ich Gabriel Laub.

Die Mona Lisa – eine Kimpelmummel?

Wer etwas auf sich hält, besucht einmal in seinem Leben Paris. Es muß ja nicht gleich bedeuten: Paris sehen – und sterben. Aber die unvergleichliche Stadt an der Seine zu besuchen, zu hören und zu riechen, vom Schmecken ganz zu schweigen – das ist wohl der Traum eines jeden jungen Mitteleuropäers. Selbst die Amerikaner zieht es seit Generationen in die französische Hauptstadt, wie schon George Gershwin wußte. Ernest Hemingway und James Baldwin, Samuel Beckett und Paul Celan suchten in Paris ihre zweite Heimat. Celan fand den selbstgewählten Tod in der Seine.

Ich fand in Paris den Parc du Luxembourg, die Rue Mouffetard und den Louvre, wohin es mich immer wieder zog. Der Louvre beherbergt ja eine einmalige Sammlung von Antiquitäten – im wahrsten Sinn des Wortes –, von Riesenölgemälden, abfällig auch »Historienschinken« genannt –, und *das* Bild der Kunstgeschichte: die *Mona Lisa*, auch *La Gioconda,* die Frau des Edelmanns del Giocondo.

Leider befindet sich das Gemälde aus Sicherheitsgründen hinter einer Glasscheibe. Dennoch ist es so faszinierend wie eh: das Lächeln. Ich habe das Gemälde längere Zeit aus unterschiedlichen Perspektiven betrachtet. Man kann dem Blick der schönen Frau nicht entgehen.

Das geheimnisvolle Lächeln ist schon vielfach interpretiert worden. Mona Lisa die Verführerin, Mona Lisa die Keusche, Mona Lisa die Entsagerin …

Vor einigen Jahren gab es eine neue Interpretation des Lächelns. Ein amerikanischer Zahnarzt hatte zweifelsfrei festgestellt, daß Mona Lisa lächeln *mußte*. Sie tat dies nicht aus freier Entscheidung, sondern sie mußte die Lippen geschlossen halten. Sie konnte gar nicht befreit lachen, wie es einer so schönen Frau zugestanden hätte. Und warum nicht? – Weil sie keine Schneidezähne hatte! Ja! Der Amerikaner ging sogar noch weiter: Die herabgezogenen Mundwinkel deuteten auf fehlende Eckzähne und eine kleine Narbe an der Lippe auf eine Prügelei hin.

Mona Lisa – eine Kimpelmummel, die von ihrem Freund »eins auf die Lippe« bekommen hat? Das durfte nicht wahr sein! Millionen Menschen hatten – wie ich – ehrfurchtsvoll vor dem Porträt gestanden, im Banne des unerklärlichen Lächelns. Und nun sollte die Lösung des Rätsels so einfach, so banal sein? Niemals!

Die unerquicklichen Betrachtungen des pragmatischen Amerikaners verschwanden aus dem Bewußtsein der Kunsthistoriker. Wahrscheinlich hätte nie wieder jemand davon gesprochen. Doch jetzt hat sich die Lage schlagartig geändert. Es gibt einen neuen Erkenntnisstand. Und der »haut dich auf die Bretter«. Kein Mensch weiß von meiner Entdeckung. Hier gebe ich sie preis.

Eine Freundin von mir lebt in der Toskana. Vor zwei Jahren hat sie sich mit ihrem Mann ein altes Haus gekauft. Beim Entrümpeln des Bodens fand sie in einem mit Wachs verschlossenen Krug ein altes Manuskript. Es trug die Überschrift *Das Lied von der traurigen Mona Lisa*. Da sie sich den Text in der altertümlichen Sprache nicht erschließen konnte und wußte, daß ich mich für die Mona Lisa interessierte, übergab sie mir das Papier.

Ich traf mich in Rom mit einem Kunsthistoriker und zeigte ihm das Lied. Auch er konnte den Sinn nicht einwandfrei entschlüsseln, meinte aber, wenn das Manuskript echt sei, könnte ich mit dessen Veröffentlichung ein reicher Mann werden. Das Lied – zur gleichen Zeit entstanden wie das Gemälde – schildere die Qualen einer *Mona Lisa*, die von ihrem Liebsten verprügelt und verstoßen wurde.

Damit war ich einer Sensation auf der Spur. Der Amerikaner hatte womöglich recht gehabt mit seiner Dentalanalyse von *La Gioconda*. Wenn das Manuskript keine Fälschung war, müßte die Kunstgeschichte umgeschrieben werden. Und ich als dessen Besitzer wäre ein gemachter Mann. Na gut, meine Freundin würde ich nicht unerwähnt lassen.

Die Prüfung des Manuskripts ergab eindeutig: ein Papier aus dem frühen 16. Jahrhundert, Tinte aus der gleichen Zeit, und die beiden Blätter waren mit einem Leim zusammengeklebt, den es überhaupt nur sechzig Jahre lang in Italien gegeben hatte: von 1458 bis 1518.

Ich war wie aus dem Häuschen. Vielleicht würde ich das Manuskript bei Sotheby's versteigern lassen und mir von dem Geld die *Mona Lisa* kaufen können? – Aber erst einmal mußte ich den Text übersetzen lassen. Hier eine Probe:

Die Sonne schien, das Leben lachte, der Ohm trank friedlich seinen Wein.
Ich pflückte Beeren und ich dachte: So müßt das Leben immer sein.
Don Pedro ging gemach vorüber. Er zwickt mich lachend in den Po.
Ich knickste brav und dacht: Na warte, zum Weinfest mach ich's ebenso.

Das Weinfest kam. Wir waren fröhlich. Giovanni hielt mich fest im Arm.
Er war ein stattlicher Geselle. In unserm Dorf der Frauen Schwarm.
Ich war ihm lange schon versprochen. Und alle wußten, wir sind ein Paar.
Ich liebte seine schwarzen Augen und auf der Brust sein schwarzes Haar.

Don Pedro holte mich zum Tanze, umfing mich zart mit seiner Hand.
Ich winkte keß Giovanni zu, der lachend bei den Freunden stand.
Don Pedro gab mir einen Kuß. Giovanni konnte gar nicht lachen.
»Was machst du bloß für einen Stuß! So was darfst du nie wieder machen!«

Ja, und dann hat Giovanni sie zur Strafe verhauen. Aber weil sich auch Don Pedro noch einmischen mußte, endete das Tanzvergnügen in einer riesigen Keilerei, und die arme Mona Lisa büßte dabei einen Vorderzahn ein.

Ich wünsch mir zum Geburtstag einen Vorderzahn.
Ich, Mona Lisa, hab sonst keinen Wunsch.
Warum, Giovanni, hast du mir das angetan?
Ich ziehe ohne Vorderzahn 'nen Flunsch.
Und alle Leute rufen laut: Oh, Mona Lisa,
Wer hat dich gehaut?

Während ich diese Zeilen schreibe, sitze ich auf der Terrasse meines kleinen Holzhäuschens und blicke auf das immerblaue Meer. Mir geht es den Umständen entsprechend. Leider bin ich weder in Paris noch in Deutschland oder Euopa überhaupt. Ich sitze auf einer kleinen Insel in der Südsee, der Hans-Lollik-Insel. Hierher hat mich die Kunstmafia verschleppt, damit ich die Legende vom Lächeln der Mona Lisa nicht zerstören kann. Ich werde mit allem Lebensnotwendigen versorgt. Sollte diese Flaschenpost jemals in die Hände von kunstverständigen Menschen fallen, so bitte ich darum, den Text an den Generaldirektor des Louvre, die Zeitschrift *art* und an meine Freundin in der Toskana zu schicken.

III Das Floß ist tot. Es lebe das Floß!

Langsam hatten wir uns eingerichtet in der superschnellen Zeit. Wir besaßen eine gasbetriebene Etagenheizung, ohne daß wir uns um ein Gaskontingent hatten bemühen müssen. Die Stadtwerke offierierten uns sogar einen Großabnehmervertrag mit entsprechendem Rabatt (ein neues Wort in unserem Sprachgebrauch). Die letzten 20 Zentner Braunkohlenbriketts aus unserem Keller hatten wir an einen Ofenbesitzer verschenkt, die Floßstämme gegen ein Abonnement der neuen Zeitung *Wir* getauscht.

Meine Baumstämme waren scheitweise durch den Kamin gewandert und hatten sich mit einem letzten, rotglühenden Gruß von dieser Welt verabschiedet, wie mir der dankbare Kaminbesitzer berichtete. Sie hatten ihm und seiner Familie einige kühle Herbstabende angenehm erwärmt.

Aber die neue Zeit, die uns kaum Zeit ließ, sie als solche zu erkennen, machte doch Mut, sich an Kinderträume zu erinnern. Denn diese überdauern die Zeiten, wie lang sie auch währen.

Obwohl die Informationsflut heftig über uns schwappte – wir hatten uns anläßlich der Fußball-Weltmeisterschaft sogar einen kleinen Fernsehapparat zugelegt –, zeitweise strudelte das Floß doch wieder herauf aus den Tiefen des Unterbewußtseins. Wie bei einer Springflut wurde es aber immer wieder hinweggetragen …

Wie die meisten Angehörigen des Leipziger Volkes lasen wir immer noch die örtliche *Volkszeitung*, die nun dem Springer-Konzern gehörte – wenigstens zur Hälfte. Nach und nach gesellten sich Publikationen hinzu, die wir früher nur vom Hörensagen gekannt hatten: *Die Zeit*, *Der Spiegel*, *Times Literary Supplement*,

National Geographic und *Time*. Wir erfuhren jetzt wesentlich mehr von der Welt »drüben« – welche geographische Länge und Breite das Wort auch bezeichnen mochte.

Und vor allem erinnerten die Zeitschriften mich mit Buchbesprechungen und Reportagen immer wieder an Floßfahrten, abenteuerliche Höhlenwanderungen und Überwinterungen im Packeis. Wie hatte doch Ernest Shackleton vor seiner Reise in die Antarktis 1914 inseriert: »Männer gesucht für halsbrecherische Reise. Wenig Lohn, bittere Kälte, monatelange totale Finsternis, unablässige Gefahren, sichere Heimkehr ungewiß. Bei Erfolg Ehre und Anerkennung.«

Mein Interesse galt seit eh und je den Männern, die sich als Forscher ins ewige Eis gewagt hatten. Von Peary bis Amundsen, von Shackleton bis Scott und immer wieder John Franklin, der vergeblich die Nordwestpassage zwischen Atlantik und Pazifik gesucht hatte. Es war die Entdeckerlust, die mich an das Floß band, der Wunsch, sich den Kräften der Natur anzuvertrauen, um die Natur nach Kräften zu erkunden. Ein Buch aus meiner Kindheit hatte dieses Fernweh geweckt: *Das Eismeer ruft* von Alex Wedding. Darin ging es um die Rettung einer sowjetischen Arktis-Expedition in den frühen dreißiger Jahren. Sicher war das Buch ideologisch gerötelt wie viele Kinderbücher in der DDR. Aber immerhin hatte die Autorin die beiden wichtigsten Plätze des geteilten Berlin zu ihrem Pseudonym gewählt ... Auch ein Bekenntnis.

Für mich war der englische Kapitän Sir John Franklin ein Synonym für den Forscher, der nie aufgibt, der mit Klugheit und Geschick seine Männer lenkt bis zu seiner letzten Stunde. Viermal hat er Anlauf genommen, der Natur ein Geheimnis zu entreißen. Zwischen 1818 und 1847 suchte er nach der Durchfahrt vom Atlantischen in den Pazifischen Ozean. Mit 61 Jahren verlor er den Kampf. Vielleicht ein Held ...

Sir John Franklin beeindruckte nicht nur mich. Sten Nadolny hat ihn schon zu Beginn der achtziger Jahre in einem seiner Romane die Langsamkeit als positives Lebensprinzip entdecken lassen. Übrigens eine menschliche Eigenschaft, die auch mir nicht ganz fremd ist. Zwanzig Jahre hatte ich gebraucht, um den Traum von einer Floßfahrt bis zur Beschaffung der materiellen Basis dafür voranzubringen. Zehn Jahre dauerte es, bis der Beschaffungsaktion ein Nicht-Start folgte. Und seit zehn Jahren beginnt der Traum – wenigstens in meinem Kopf – wieder Gestalt anzunehmen. Über den ersten handfesten Arbeiten an meinem Floß war also schon ein halbes Menschenleben vergangen. Aber immer noch und immer wieder sah ich mich zwischen Iglus und Eisbären mit den Robben um die Wette robben. Mit John Franklin verband mich nicht nur eine gewisse Langsamkeit, die sich in der Kindheit im Längenwachstum, später dann in der allzu langsamen Verminderung des Breitenwachstums manifestierte, sondern auch die Herkunft. Beide stammten wir aus dem Osten unseres Vaterlandes. Unsere Väter interessierten sich für Geschichte. In unseren Heimatländern wurden Getreide, Zuckerrüben und Gemüse angebaut. Es gab dort wie hier Kalkfelsen und einen großen Fluß, der in die Nordsee mündet. Wenn das nicht gravierende Gemeinsamkeiten sind, die eine ähnliche Charakterdisposition hervorbringen *müssen* …

So ist es nicht verwunderlich, daß ich bei meinen Nachwendebesuchen in Schottland und England meine Freunde immer wieder mit meinem Kindertraum traktierte. Ich habe geschwärmt von der ostenglischen Langsamkeit und der unermüdlichen Suche nach der nordkanadischen Passage zwischen den Ozeanen. Die Reaktion in Schottland war erstaunlich verhalten. Vielleicht wollten sie in meine Begeisterung einstimmen, ihr am Understatement geschultes Temperament ließ es aber nicht zu. Typisch englisch, dachte ich. Glücklicherweise sprach ich es nicht aus. Denn kein Schotte möchte je mit englischen Wesenszügen in Verbindung gebracht werden.

Sei es, wie es sei, eines Tages klingelte die nette blonde Postfrau, die stets drei Stufen auf einmal nimmt, wenn sie die Treppe hochkommt, um bei uns ein Päckchen für den Nachbarn abzugeben. Sie klingelte an unserer Wohnungstür, die ich wie immer öffnete. Und wie immer lächelte sie mich an. Doch diesmal schien das Lächeln unser düsteres Treppenhaus zu durchfluten.

Und es war von einer Art, das die Kunsthistoriker »englisch« nennen. – Es war tatsächlich englisch, also nicht englisch, sondern engelsgleich. Und es war einfach schön. Herzerwärmend. Geisterweiternd.

Die Postfrau reichte mir einen Einschreibbrief mit Rückschein, der wider Erwarten für mich bestimmt war. Ein Schauer lief mir die Wirbelsäule hinab. Hatte ich meine letzte Parksünde nicht fristgemäß oder ungenügend bereut? Oder wollte mich das Finanzamt in den Schuldturm sperren? Ich schloß die Augen, bebte innerlich vor Erregung.

Als ich die Augen vorsichtig blinzelnd öffnete, war das Lächeln auf dem Gesicht des blonden Engels verschwunden. Das Gesicht war verschwunden. Ja, die ganze Postfrau war verschwunden. Die Haustür klappte. Ich hielt einen schweren Brief in der Hand …

Im Zeichen der Jungfrau

Der 25. August war ein besonderer Tag im Jahr. Es war eigentlich immer schönes Wetter an diesem Tag. Das Gras auf dem Wäsche-Bleichplan hinter dem Jahrhundertwende-Mietshaus roch nach spätem Sommer. Die Gänseblümchen ließen müde ihre Köpfe hängen. Nicht anders erging es den Brauereigäulen, die den Wagen mit den Bierfässern bis vor die »Mittelschänke« gezogen hatten und nun lustlos in ihren Hafersäcken herumschnoberten. Die randvollen Wassereimer hatten sie in einem Zuge leer gesoffen.

Das Getreidefeld gegenüber unserer Schule war abgeerntet, die Garben schon vor vier Wochen zusammengetragen worden. Zum Ährenlesen kam niemand mehr. Die Mäuse konnten sich wieder freuen. Ihre Scheuern waren wohlgefüllt. Da mochte der Winter kommen mit viel Schnee, unter dem sie sich mühelos Gänge gruben.

Jeden Abend wurden die beim Fußballspielen (barfuß!) lädierten Zehen und Schienbeine »verpflastert«. Die letzte Ferienwoche war angebrochen. Schulkameraden kamen aus dem Pionierferienlager zurück. Unsere Straßenmannschaft hatte jetzt sogar einen Ersatzmann.

Am ersten Schultag, dem Weltfriedenstag, blieben einige Klappsitze in den Bänken leer. Der Sohn des Grafikers, die Tochter des Zahnarztes – sie gingen nun in eine andere Schule. Dort hatten sie Kaugummi und Schokolade, soviel sie wollten.

Aber es mußten doch auch noch ein paar Leute hierbleiben: um den 25. August zu feiern. Den Namenstag des Heiligen Defloris, des Schutzpatrons der Jungfrauen. Denn der 25. Tag des Monats August war der erste Tag im Zeichen der Jungfrau, wenn man den 24. als Auftakttag mal unter den Tisch fallen läßt.

Im Zeichen der Jungfrau passierten jedes Jahr Dinge, die für eine Jungfrau durchaus als Zeichen gelten konnten:

Am 24. August 410 wurde Rom von den Westgoten erobert.

Am 6. September 1522 wurde die erste Weltumsegelung beendet, die der Portugiese Magalhães am 19. September 1519 begonnen hatte.

Am 19. September 1783 hob die erste Montgolfiere mit Tieren zu einem Flug von der Erde ab.

Und am 25. August 1997 mußten sich führende Zigarettenhersteller der Vereinigten Staaten auf einen Vergleich mit dem Staat Florida einlassen und für die Behandlung von Raucherkrankheiten fast 12 Milliarden Dollar bereitstellen.

Aber es passieren im Zeichen der Jungfrau nicht nur Dinge, sondern es werden auch Menschen zwischen dem 24. August und dem 23. September geboren, die gewisse Eigenschaften gemeinsam haben. Ihr Element ist die Erde, ihr Geburtsherrscher Merkur, der Gott der Händler und der Diebe. Deshalb wird diesen Menschen Vernunft, Rechtschaffenheit und Umsicht bescheinigt. Sie sollten Arzt oder Hoteldirektor werden, denn ihre Bibel ist der Terminkalender. Es sind insgesamt reizende Menschen, die man jedoch nicht reizen sollte, sonst werden sie wild und rasten aus.

Sollten Sie zufällig mit einer Frau verheiratet sein, die Jungfrau ist – dem Sternzeichen nach –, so können Sie ihr am 25. August ein optimales Geburtstagsgeschenk machen. Sie schenken ihr einen Strauß blaue Rosen, denn blau ist die Lieblingsfarbe Ihrer Frau, laden sie abends in ein Vollwert-Restaurant zu Buletten mit Karottensaft ein, und anschließend treiben Sie mit ihr Gymnastik, den Sport, den sie so liebt.

Wollen Sie das noch toppen, so schenken Sie ihr eine Handtasche (mit Notizbuch!), einen Krimi von Georges Simenon und ein Abonnement der *Stiftung Warentest*. Ihre Frau wird es Ihnen danken.

Es ist nicht uninteressant, einmal zu schauen, wer alles im schönen Monat August/September geboren ist. Der Reigen reicht von Ingrid Bergman und Agatha Christie, von Leonhard Bernstein und Franz Beckenbauer bis Sophia Loren und Kardinal Richelieu. Auch Sean Connery, Carl Zeiss und Clara Schumann erblickten das Licht der Sonne im Zeichen der Jungfrau.

Vielleicht ist der 25. August – zumindest in meiner Erinnerung – immer ein so bemerkenswerter Tag gewesen, weil nicht nur Erich Honecker und Claudia Schiffer an diesem Tag geboren wurden, sondern auch Friedrich Nietzsche am 25. August starb. Alle drei sind eng verbunden mit der Vorstellung von einem Modell.

Während der Generalsekretär und Staatsratsvorsitzende Honecker den real existierenden Sozialismus aus dem Modellbaukasten zu basteln versuchte, entwarf Nietzsche einen Modellmenschen, der mißverstanden wurde und auch schnell wieder verschwand. Nur Claudia Schiffer, die germanische Antwort auf Naomi Campbell, schaffte das, was Honecker und Nietzsche nicht erreichten: Sie durchschritt den Weg vom Modell zum *model*.

Einer der am 25. August Geborenen ist für mich der Größte. Er erblickte wie der Maler Lovis Corinth im ostpreußischen Tapiau das Licht der Welt, war einen Meter fünfundsechzig groß und hieß Willi: mein Vater.

Das zweite Leben

Meine Mutter wurde kurz nach dem Ersten Weltkrieg in Altmickten bei Dresden geboren. Aus ihrer Wiege – die es sicher gar nicht gab – blickte sie auf die Elbe und die 1000jährige Linde auf dem Dorfanger. Fernweh wehte durch die niedrigen Stuben des alten Fachwerkhauses.

Und bald ging es in die Ferne: Man wohnte jetzt jenseits der Elbe-Flutrinne in Mickten, nah am »Dehboh«, dem Straßenbahnhof.

Nicht selten stand meine Mutter, die zu jener Zeit keine Ahnung hatte, daß sie einmal meine Mutter werden würde, am Küchenfenster und blickte über die Obstbäume hinab zum Elbe-Strom, der ihr Fernweh bis nach Hamburg und hinaus aufs Meer trug.

Eines Tages kam einer aus der Ferne und klopfte an die Tür ihrer Kammer. Er war zwar kein Ritter, aber ein Kämpfer. Und was noch viel schwerer wog: er war nicht nur einer – er hieß auch so! Doch am schwersten war der Gürtel, den er trug. Es war ein Goldener Gürtel, den er im Ring gewonnen hatte.

Der Bursche wollte die unschuldige sächsische Maid auf Händen tragen – bis nach Amerika. Dort sollte sie als Haushälterin sein Haus halten, und er wollte sie dafür aushalten. Sie schlug die Augen nieder – so wie er seine Gegner. Ihre Eltern wollten es nicht glauben. Die Tochter, ein Mädchen aus Sachsen, in Amerika, zwischen elektrischen Kühlschränken und Waschmaschinen?

Die Mutter wischte den Vorsaal und sich verstohlen die Tränen ab und gab ihrer Tochter eine echte Blaudruckschürze mit auf den Weg über den großen Teich. Und der Kaufmann Hecht, der keine Fische, sondern »Obst und anderes Geflügel« verkaufte und bei dem sie gerade gelernt hatte, einen Hasen auszuweiden, schenkte ihr ein halbes gebratenes Karnickel als Wegzehrung und Lohn für die letzten drei Monate.

In vierwöchiger Reise gelangte die *fischelante* Sächsin mit Bahn und Schiff nach New York. Erstaunlicherweise war es hier viel lauter und turbulenter als in Mickten. Aber wenn die S-Bahnen über die Brücken donnerten, klang es doch ein bißchen heimisch – wie die »Zehne«, wenn sie ins Dehboh einrückte. Und aus dem Fenster ihrer Kammer in der 86. Straße konnte sie die Schornsteine der Dampfer auf dem Hudson River sehen, die sie an die Zillen auf der Elbe erinnerten, den Schornstein umgeklappt, wenn sie unter der Albertbrücke durchfuhren.

Übrigens zahlte sich die sächsische Sparsamkeit bald aus. Nicht nur, daß der Sparstrumpf prall wie eine Gänseleber wurde, Mutter legte auch an. Chilenische Eisenbahnaktien und ekuadorianische Gummi-Pfandbriefe waren ihre Spezialität. Leider wurde die Eisenbahn nie gebaut, und der Wert der Pfandbriefe schrumpfte – gummiartig – immer mehr zusammen.

Aber ansonsten meisterte sie dank ihres anglo-sächsischen Wortschatzes alle Situationen des täglichen Lebens: We make home, we make our hair, we make our beds, we make scandal, we make cash, we make naus in the green!

Und eines Tages kam ich auf die Welt. Ein kleiner Sachse in Amerika. Mir gefiel es von Anfang an gut in den Staaten, denn es gab Kaugummi und Coca Cola in rauhen Mengen. Das erste Foto zeigt mich auf einem echten Alaska-Eisbärenfell. Daher rührt wohl auch der Kindertraum von der Fahrt ins ewige Eis.

Die Erinnerungen an meine frühe Kindheit sind blaß. Aber ein paar Dinge sind mir im Gedächtmis geblieben. Zum Beipspiel das letzte Toilettenpapier aus der Kriegszeit. Darauf war eine Hitler-Karikatur und die Zeile: Hitler wegwischen! Oder ein Poster von Betty Grable, die ihre tadellosen Beine bei Lloyds versichert hatte. Ach an die Lebensmittelmarken erinnere ich mich, einen Coupon habe ich sogar aufgehoben. Man bekam dafür Fleisch-, Fett-, Fisch- und Käserationen.

Meine Mutter ging oft mit mir in den nahen Central Park, wo es viele Spielplätze und kleine Teiche mit Enten gab, die aber nicht gegessen werden durften. Im Supermarkt lagen dagegen welche zum Essen herum. Vielleicht träumten sie davon, auch so ungestört herumzuschwimmen wie die im Park. Können Enten eigentlich träumen?

Ich jedenfalls konnte herrlich träumen. Das merkte ich in der

Schule. Im Rechenunterricht sollten wir Mehlsäcke zusammenzählen. Ich malte statt dessen einen Hals, vier Beine und einen Schwanz an die Mehlsäcke und träumte von Kamelen in der Wüste. Als die Lehrerin mich aufrief und nach der Anzahl der Mehlsäcke fragte, antwortete ich stolz: »Sieben Kamele!« Die Klasse lachte, und die Lehrerin meinte resigniert: »Hast du wieder geträumt! Paß auf, am Ende wirst du selber ein Kamel.«

Es kam aber anders: Ich wurde kein Kamel, sondern ein Esel. Jedenfalls behauptete das der Religionslehrer, dem ich nicht glauben wollte, daß die kleinen Kinder durch Windbestäubung entstünden. Als ich mich permanent dagegen sträubte, sozusagen »Vom Winde verweht« worden zu sein, nannte er mich »einen störrischen Esel«.

Das nahm ich mir in den folgenden Jahren sehr zu Herzen. Ich träumte fortan nicht mehr von der Wüste und von Kamelen, sondern nur noch von dem kleinen Esel I. A., der als blinder Passagier bis zum Eismeer kam und dort mit Schlittenhunden zum Nordpol wanderte. Die Folgen für die schulischen Leistungen waren jedoch die gleichen. In Mathematik war ich schlecht, in Zeichnen gut.

In den Jahren nach dem Krieg schickten wir Pakete mit abgelegten Sachen nach Deutschland. Meine Mutter unterstützte ihre Verwandten in Dresden, einer deutschen Stadt mit vielen Ruinen. Sie war dort zur Schule gegangen und erzählte mir, daß die Stadt sehr schön gewesen sei, schöner als New York. Doch im Krieg hatten englische Bomber sie zerstört.

Als ich abends im Bett lag, stellte ich mir vor, was aus mir geworden wäre, wenn ich in Dresden zur Welt gekommen wäre. Dann würde ich jetzt wenig zu essen haben und mich freuen, wenn ein Paket aus Amerika käme. Aber dann müßte ich ja meine Basketballschuhe, die ich gerade abgelegt hatte, als großartiges Geschenk freudig wieder anziehen. Bloß wäre ich denn ich, wenn ich gar nicht hier wäre, sondern dort? Ich wäre ja dort der da drüben und hier ich. Der da drüben wäre, wenn ich dort ich wäre, gar nicht der da drüben, sondern ich. Und wenn ich hier ich wäre – aber hier bin ich doch ich ... bin ich ... ich bin ... bin ... bin ...

Langsam dröselten mich meine Gedanken in den Schlaf. Ich träumte davon, ein deutscher Schuljunge zu sein, der in Ruinen spielte und einen Blindgänger fand. Alle um mich herum waren in großer Aufregung. Die Polizei kam. Aber bevor die Bombe entschärft werden konnte, waren erst eine Kamelherde, ein Esel und zwölf Schlittenhunde einzufangen, die das Überbleibsel aus dem Krieg neugierig beäugten.

Am nächsten Morgen, es war Sonntag, ging ich mit meiner Mutter Enten füttern. Wir besuchten alle Seen und Teiche im Central Park, vom kleinen Pond über den Lake bis hin zum Harlem Meer. Nur an das Reservoir konnten wir nicht heran, weil ein Maschendrahtzaun das betonierte Ufer absperrt.

Im Park, der übrigens größer ist als das Fürstentum Monaco, zeigte meine Mutter mir die Statuen von Schiller und Beethoven, die an der Ulmenallee stehen, nicht weit vom Shakespeare-Denkmal. Schiller, der große deutsche Dichter, so erzählte sie mir, habe einmal für Beethoven, den großen deutschen Musiker, ein Lied geschrieben, das in Deutschland am Jahresende immer sehr laut gespielt wird, weil er schwerhörig war – also Beethoven, nicht Schiller.

Außerdem gibt es in Deutschland ein Gebäck und einen Räucherfisch, die nach Schiller benannt sind. So ehrt man dort einen bedeutenden Dichter!

Als ich meine Mutter fragte, warum bei uns niemand auf die Idee komme, die Muffins »Poe-Deckel« zu nennen, wußte sie keine Antwort. – In der Schule erfuhr ich dann, daß man wenigstens die Dichtkunst nach Edgar Allan Poe benannt hat: *poetry*. Und sogar die Deutschen haben den Begriff von uns übernommen: *Poesie*.

Im Delacorte Theater im Park habe ich als Junge mein erstes Shakespeare-Stück gesehen: *Was ihr wollt*. Ich hatte mich schon mittags nach Karten angestellt, weil die kostenlosen Vorstellungen sehr gefragt waren. Und auf dem Großen Rasen hinter dem Theater habe ich voller Begeisterung meine ersten Football-Spiele gemacht. Die zerschrammten Schienbeine und die blauen Flecken durfte ich meiner Mutter allerdings nicht zeigen, weil sie mich dann wegen meiner Einsatzbereitschaft ausgezankt hätte. So ungerecht ist die Welt!

In den Schulferien durfte ich später auch allein »die Gegend unsicher machen«. Mit Freunden zog ich die 86. Straße hinunter bis zum Carl Schurz Park. Von Carl Schurz hatte mir meine Mutter erzählt, daß er nach der Revolution von 1848 aus Deutschland geflohen war und sich in Amerika für die Rechte der Indianer und der Schwarzen eingesetzt hatte. Von 1877 bis 1881 war er amerikanischer Innenminister gewesen. Hundert Jahre später wurde ein anderer Deutscher, der auch aus seinem Vaterland hatte fliehen müssen, sogar US-Außenminister.

Ich blieb oft in der Buchhandlung von Barnes & Noble hinter der Lexington Avenue hängen. Meine Leseleidenschaft lähmte meine Beine. Am meisten interessierten mich die Expeditionsberichte von John Franklin über seine Reisen ins ewige Eis. Kaufen konnte ich sie natürlich nicht, aber bis zum Einbruch der Dunkelheit darin lesen.

Neben dem Carl Schurz Park lag das Haus des Oberbürgermeisters, das Gracie Mansion. Ich erinnere mich noch, wie ich dort einmal eine Stinkbombe in den Briefkasten geworfen habe. Meine Freunde sahen neugierig zu. Unsere Gang wurde natürlich gegriffen, und in der Schule gab es einen riesigen Aufriß. Wir hatten schon Angst, von Senator McCarthy vor das Komitee für unamerikanisches Verhalten geladen zu werden. Schließlich mußte jeder von uns aber nur 30 Stunden gemeinnützige Arbeit leisten. Ich habe im Zoo Wildeselgehege saubergemacht. Das war eine schöne Strafe.

Vorn ist die Musik

Jedes Kind träumt. Nicht nur nachts. Wer erinnert sich nicht an die Schule, an Unterrichtsstunden, die ziemlich nervten. Man schaltete einfach ab. Und wir alle sind wohl schon einmal ermahnt worden: »Träume nicht! Wir sind im Unterricht! Das Einmaleins das kannst du nicht!« – »Wo guckst du denn schon wieder hin! Schau zur Tafel! Vorn ist die Musik! Hier wird nicht geträumt!«

Vorn sollte die Musik sein? Vor der Klasse stand der Lehrer oder die Lehrerin. Von Musik keine Spur. In den meisten Fällen waren es völlig unmusikalische Menschen. Sie erkannten weder am Rhythmus, daß Eichhornpfoten über das Zinkblech auf der Schulhofmauer trommelten, noch verstanden sie etwas vom Klang des in der Schleuse neben ihr gurgelnden Wassers.

Wie sollte ein Pädagoge auch begreifen, daß es draußen viel interessanter war als im Klassenzimmer. Nie habe ich einen Lehrer gesehen, der am Fenster gestanden und uns erzählt hätte, was er am Himmel sah. Daß Wolken Eisberge waren, die im klaren eisblauen Wasser dahintrieben, zerflossen und als bizarre Gebilde wieder auftauchten. Daß Eisschollen vorüberschwebten, auf denen sich Robben, Pinguine und Eisbären tummelten. Selbst ein Kamel hatte sich mal verlaufen und stand dazwischen. Problemlos stieg es am Kirchturm herab, als eine Eisscholle da hängenblieb.

Nichts davon erzählten die Lehrer. Nicht einmal ein Luftschloß haben sie uns gezeigt – dabei hätte sich bestimmt eins gefunden, das von der Arbeiterklasse besetzt worden war.

Ich träumte als Kind immer wieder von drei Dingen, die im Lehrplan der polytechnischen Oberschule nicht vorkamen. Erstens wollte ich nach der von dem Deutschen Dr. Blumenau gegründeten brasilianischen Stadt gleichen Namens auswandern. Zweitens wollte ich im Winter in Italien arbeiten. Und drittens wollte ich am Nordpol oder Südpol mit einem Floß übers Eis segeln. Wo genau, das war mir gleich, Hauptsache unter minus 45 Grad.

Man sieht, die Temperaturen des jeweiligen Landes waren für die Geografie meiner Träume nicht entscheidend. Eher spielte wohl eine gewisse Exotik mit. Und die war weder in Dresden-Pieschen noch in Dresden-Mickten in den fünfziger Jahren ein bestimmendes Element des täglichen Lebens.

Obwohl ich mich auf meine Art den Träumen zu nähern versuchte, rückte deren Realisierung im Laufe der Jahre immer weiter in die Ferne. Nachdem ich mehrere Jahre im Selbststudium Spanisch gelernt hatte, erzählte mir irgendein Schnösel aus dem Westen, in Brasilien werde portugiesisch gesprochen. Dabei weiß ich ganz genau, daß sowohl Pizarro als auch Cortez Spanier waren. Und die haben schließlich Peru und Mexiko erobert.

Probeschießen

Um ein Haar hätte dieser Ausflug in die Dresdner Heide der letzte unserer kleinen Gang sein können.

Ich wanderte mit meinen Freunden durch einen sandigen Hohlweg, als uns plötzlich junge russische Soldaten mit Schnellfeuergewehren entgegenkamen. Sie bewegten sich im Dauerlauf und hielten die Gewehre schußbereit. Ich erinnerte mich gleich an einen Cowboy-Film, in dem ein unbewaffneter Kuhhirt sich gegen eine Gruppe bewaffneter Viehdiebe behauptete. Aber der hatte auf einem Pferd gesessen!

Am Ende der Gruppe marschierte ein Unteroffizier. Er brüllte ein Kommando, die Russen erstarrten. Man hörte nur noch ihr Keuchen. Dann folgte ein weiterer Befehl, und die Soldaten kletterten die Böschung des Hohlwegs hinauf.

Wir waren stehengeblieben und sahen zu, wie sie die Gewehre sicherten und zu zwei Pyramiden zusammenstellten. Der Unteroffizier verschwand in den Büschen. Die Soldaten setzten sich auf den Waldboden, und die meisten zogen aus einer Hosentasche eine *Prawda*-Seite (das war die sowjetische Tageszeitung »Wahrheit«). Davon rissen sie ein viereckiges, handtellergroßes Stück ab und holten aus der anderen Tasche eine Handvoll Tabak. Der war staubtrocken und wurde mehrmals angehaucht, weil er ein wenig Feuchtigkeit aufnehmen sollte. Sie streuten den Tabak (Machorka) vorsichtig – damit kein Krümel verlorenging – auf das Zeitungspapier und rollten es zu einer Zigarette zusammen. Dann leckten sie den Rand längs der Zigarette an und knickten das vordere Ende etwas um, damit der Tabak nicht herausfiel. Das andere Ende wurde kreuzweise zusammengedrückt zu einer »Saugstelle«.

Wir hatten uns an die Soldaten herangepirscht und schauten bei der Zigarettenherstellung neugierig zu. Nachdem der neben uns sitzende Soldat drei Züge genommen hatte, reichte er uns die Zigarette. Wir sogen gierig daran und quittierten die Freundlichkeit des Russen mit einem Hustenanfall. Die Soldaten lachten, bis ihnen die Tränen kamen. Uns kamen auch die Tränen – vom Husten.

Dann hielt uns ein Soldat sein Schnellfeuergewehr hin. Wir zögerten. Mein Freund griff zu. Der Soldat half ihm, das Gewehr gegen die Schulter zu drücken. Er entsicherte es, zeigte auf eine drei Meter entfernte Fichte und nickte meinem Freund zu. Der krümmte vorsichtig den Zeigefinger. Ein Knall und ein Stoß gegen seine Schulter. In dem Baum war ein Einschußloch von zwei Zentimetern Durchmesser. An der Rückseite des Baumes klaffte ein noch größeres Loch. Wir durften uns jeder einen Baum aussuchen und darauf schießen.

Plötzlich hörten wir ein Kommando, gefolgt von einer Kaskade von Flüchen. Wir verstanden zwar nicht, was der Unteroffizier schrie, es verhieß aber nichts Gutes. Er rannte auf uns zu und riß dem Soldaten das Gewehr aus der Hand. Dann boxte er ihn in die Seite, daß der arme Kerl vor Schmerz aufschrie.

Uns war klar, daß es dem Soldaten, der deutschen Zivilisten, noch dazu Kindern, seine Waffe gegeben hatte, schlecht ergehen würde.

Drei Uniformierte mit weißen Armbinden, auf denen drei russische Buchstaben standen, kamen angelaufen; einer packte das Gewehr, die beiden anderen führten den Russen ab.

Ein ehrenwerter Mann

Über die schlüpfrigen Steine einer Londoner Straße klappert eine kleine zweirädrige Kutsche. Geschickt lenkt der Kutscher das zierliche Gefährt zwischen den großen, von zwei Pferden gezogenen Omnibussen, den öffentlichen Verkehrsmitteln, hindurch. In dem kleinen Hansom Cab kommt der Fahrgast sichtlich schneller voran.

Für den Mann vom Kontinent ist es allerdings eigenartig, den Kutscher auf dem erhöhten Sitz hinter sich zu wissen und von ihm nur die schwingende Peitsche zu sehen. Aber er ist wie immer in Eile und darum froh, daß er an der Fenchurch Street Station, dem erst kürzlich eröffneten Londoner Bahnhof, gleich einen dienstbaren Geist fand, der ihn und seine Koffer aufnahm und an der Themse entlang zu seinem Verlegerfreund bringt.

Der noch nicht dreißigjährige Leipziger Verleger Christian Bernhard Tauchnitz ist nicht das erste Mal in London. Doch diesmal verfolgt er mit seiner Reise eine ganz besondere Absicht. Seit fast zwei Jahren gibt er eine Sammlung englischer Originaltexte heraus. Im Reisegepäck hat er die noch druckfrische Nummer 42, Shakespeares Gesamtausgabe, Band III, ein Geschenk für seinen Freund William Longman.

In dessen Verlagslokal verfaßt er dann auch Mitte Juli 1843 das Zirkular an die englischen Autoren, in dem er sie bittet, ihm die Rechte für die Veröffentlichung englischer Originalausgaben in Deutschland zu übertragen.

Das war für die damalige Zeit ein außergewöhnliches Anliegen, denn deutsche Verleger druckten ausländische Bücher ohne Rücksicht auf das Urheberrecht des Autors nach.

Nicht umsonst war gerade London das Ziel der Reise von Christian Bernhard Tauchnitz. Die Hauptstadt des Königreiches galt neben Edinburgh als die einzige Stadt mit nennenswerter Buchproduktion. Obwohl in England mehr als eine Million Exemplare im Jahr erschienen, waren Bücher sehr teuer. Nur jedes 15. deckte die Herstellungskosten. Nachauflagen waren rar. Zuzüglich der Transportkosten waren englische Ausgaben auf dem Kontinent kaum erschwinglich. Außerdem steckte das Eisenbahnwesen selbst im Mutterland der Lokomotive noch in den Kinderschuhen. Was lag da näher, als für Interessenten englischer Literatur die Bücher selbst herzustellen.

Tauchnitz' Aufruf fand bei englischen und später bei amerikanischen Autoren lebhaften Widerhall. Kaum ein Vierteljahr später ging der erste Brief von Charles Dickens in Leipzig ein. Er wolle schleunigst auf den Vorschlag des Verlegers reagieren, schrieb er. Fast dreißig Jahre lang währte die Zusammenarbeit, aus der später eine Freundschaft wurde.

Der letzte Brief von Dickens an Tauchnitz verließ London wenige Wochen vor dessen Tod. Für ihn war der Leipziger ein Verleger mit Leib und Seele, aber auch »ein ehrenwerter Gentleman von großer Integrität, der alle berühmten Literaten Europas bestens kennt«. Kein Wunder also, daß Dickens seinen ältesten Sohn auf eine Leipziger Schule schickte und ihn der Obhut des Christian Bernhard Tauchnitz anempfahl.

Fast alle bedeutenden Autoren des 19. Jahrhunderts aus England und Nordamerika waren stolz darauf, in der *Tauchnitz Edition. Collection of British and American Authors* gedruckt zu werden. Sicher gab es dafür neben der »Eitelkeit« des Schriftstellers auch handgreifliche ökonomische Gründe. Tauchnitz galt als großzügig. Lord Macauly erhielt zu Lebzeiten etwa 50000 Mark an Honoraren, und Bulwer-Lytton das damals höchste Honorar für eine Einzelveröffentlichung auf dem Kontinent: 8000 Mark.

Für den Verleger von 3000 Bänden, die bis zu seinem Tode in zahlreichen Auflagen erschienen, scheint es ein lukratives Geschäft gewesen zu sein, obgleich nicht vordergründig ökonomische Erwägungen Tauchnitz' Tun bestimmten. Sein Haus war stets offen für Leute von der Universität und einflußreiche Bürger der Stadt, die sich jeden Mittwoch bei ihm trafen.

Christian Bernhard Tauchnitz wurde am 25. August 1816 auf dem Rittergut Schleinitz bei Naumburg geboren. Mit 21 Jahren heiratete er die Kaufmannstochter Henriette Morgenstern. Kurz zuvor hatte er sich eine eigene Buchdruckerei und Buchhandlung in Leipzig eingerichtet.

Er publizierte juristische und theologische Werke, aber auch das *Praktische Handbuch zur Behandlung der Scheintodten*, einen *Deutschen Musenalmanach* und die *Dramatischen Werke der Prinzessin Amalie, Herzogin von Sachsen*. Beliebt waren seine *Griechischen und Römischen Classiker*. Das von Tauchnitz herausgebrachte *Wörterbuch der englischen und deutschen Sprache* von James fand eine viertel Million Käufer. Es muß also schon vor dem Computer-Zeitalter bei deutschen Lesern den Wunsch gegeben haben, mehr als eine Gebrauchsanleitung in Englisch lesen zu können.

Ein bedeutender Tag für das Verlagsunternehmen von Bernhard Tauchnitz war der 1. September 1841. Vier Jahre nach der Gründung seines Verlages publizierte er den ersten Band der später legendären *Tauchnitz Edition*: Bulwers *Pelham*. Das Buch zählt heute nicht gerade zu den Bestsellern des britischen Buchhandels. Hingegen wurden in Deutschland *Die letzten Tage von Pompeji* in vielen Auflagen verbreitet.

Im gleichen Jahr erschienen noch zwei weitere Bücher in dieser Reihe. Deren Autor ist Charles Dickens. Zwanzig Jahre später umfaßt die Edition 500 Titel, 1870 sind es schon 1000, und bis 1939 publiziert der Verlag 5370 Titel in mehr als 40 Millionen Exemplaren. Das heißt, zwei Drittel aller Deutschen besaßen damals einen Band aus der *Tauchnitz Collection*. Zumindest statistisch betrachtet.

Da konnten sich die Autoren freuen. Die deutschen Verleger freuten sich allerdings weniger. Denn sie hatten bisher englische Werke veröffentlicht, ohne jemanden um Erlaubnis zu bitten, geschweige denn, daß sie dem Urheber etwas dafür gezahlt hätten. Anders Tauchnitz: er zahlte für jedes Original £ 25,00 an den Autor. Und er verpflichtete sich, die Bücher nicht nach Großbritannien zu verkaufen.

Christian Bernhard Tauchnitz war nicht nur im Urheberrecht seiner Zeit voraus, er veröffentlichte manchmal das Werk eines englischen Autors, noch ehe es in Großbritannien erschienen war. Henry James konnte man in Leipzig eher lesen als in London. Tauchnitz druckte von den Korrekturfahnen der englischen Ausgabe. Da er in Redaktion und Druck schneller war als die

Engländer, war das Buch in Leipzig eben eher da. Außerdem erschienen englische Romane oft erst in Fortsetzungen in Zeitschriften, ehe eine gebundene Ausgabe auf den Markt kam.

Tauchnitz hatte Verbindung zu mehr als 6000 Buchhändlern (!). Aber nicht nur in Deutschland und in Europa konnte man die handlichen Paperbacks erwerben, auch in Belgisch-Kongo, auf den Kanarischen Inseln und in Niederländisch-Indien waren die Bücher zu haben. Als Hauptumschlagplatz galten die Bahnhofsbuchhandlungen.

Mit 44 Jahren wurde Bernhard Tauchnitz in den Adelsstand erhoben. Er durfte fortan so frei sein, sich Freiherr zu nennen. Und mit 66 wurde er britischer Generalkonsul.

Er hatte trotzdem ein offenes Ohr für sozial Schwache. Er ließ für die Milchfrauen einen Weg durch den Wald pflastern, von Kleinzschocher nach Leipzig. Eine Volksbibliothek wurde von ihm eingerichtet; eine Kinderbewahranstalt finanzierte er und beschenkte die Einrichtung mit einem Grundstück. Zum Dank benannte die Gemeinde drei Straßen nach seinen Töchtern. Zwei von ihnen gibt es heute noch. Zwei Straßen. Zwei Straßennamen.

Im Leipziger Krystallpalast konnte der 70jährige den 50. Geburtstag seines Verlagshauses feiern. Dem »selten gütigen und seelenvornehmen Menschen« wurde bescheinigt, daß sein Personal sich »bei keinem der in Leipzig vorkommenden Strikes beteiligt habe.« Ob dafür der »Kapitalist mit Herz« oder die Willkür des Sozialistengesetzes verantwortlich waren, sei dahingestellt.

Als 77jähriger sollte Tauchnitz noch die Publikation des 3000. Bandes der von ihm ins Leben gerufenen Edition erleben. Ein Jahr später starb er auf seinem Rittergut Trattlau in der Lausitz. Beigesetzt wurde er auf dem Neuen Johannisfriedhof in Leipzig, der 1974 unverständlicherweise von der Stadt zugunsten eines »Friedensparks« aufgegeben wurde.

Der Börsenverein Deutscher Buchhändler beklagte, »daß er in dem Entschlafenen einen seiner tüchtigsten und zugleich erfolgreichsten Berufsgenossen verloren habe, einen Mann von hoch ehrenwertem, vornehmem Charakter und von außerordentlich wohltätigem Sinn, den er mit größter Freigebigkeit betätigte«.

Nach dem Tode von Christian Bernhard Tauchnitz übernahm sein Sohn Bernhard die Geschäfte des Verlages. Zum 75. Verlagsjubiläum, im Jahre 1912, waren 4312 Bände der *Tauchnitz Edition* erschienen, verfaßt von 484 Autoren.

Bei Ausbruch des Ersten Weltkrieges mußte sämtlicher Zahlungsverkehr nach Großbritannien eingestellt werden. Und damit war eine weitere Auslieferung für Tauchnitz unmöglich geworden. Aber noch während des Krieges schreibt der englische *Publisher's Circular*: »Wir alle wünschen die Streitkräfte Deutschlands zu Wasser und zu Lande zu vernichten, aber die ehrenwerten und anständigen Beziehungen, die unsere Schriftsteller und Verleger mit solchen Firmen wie Tauchnitz unterhalten, sind nicht so leicht zu zerstören.«

Nachdem der Verlagsinhaber Bernhard Tauchnitz 1921 gestorben war, wurde die Firma 1929 in eine Aktiengesellschaft umgewandelt. Zehn Jahre später, bei Kriegsbeginn, mußte die *Tauchnitz Edition* eingestellt werden. Eine neue Reihe, »Der Deutsche Tauchnitz« sollte sie ersetzen. Gleichzeitig wurden alte Ausgaben der *Tauchnitz Edition* wieder aufgelegt. Im August 1943 erschien als letzter Titel Vol. 5370, Wodehouse: *Money in the Bank*. Die englische Erstausgabe wurde erst 1946 (!) in London publiziert. Der Titel ist bis heute brandaktuell!

Dem Tauchnitz-Verlag wurde von der Sowjetischen Militärverwaltung vorerst keine Verlagslizenz bewilligt. Daraufhin gründete ein ehemaliger Mitarbeiter in Hamburg die *Tauchnitz Edition GmbH* und publizierte ab 1947 eine *New Series*. Band 1, *Anthology of modern English poetry*, edierte der bedeutende Leipziger Anglist Levin L. Schücking.

Ende November 1947 verläßt der Inhaber des Leipziger Tauchnitz Verlages, Willy Brandstetter, die Stadt »bei Nacht«. Nach einer kurzzeitigen Treuhandverwaltung wird der Verlag ein Jahr später in das Bibliographische Institut eingegliedert.

Kurz zuvor hatte das Ministerium die Auslieferung der *Tauchnitz Edition* untersagt, da befürchtet wurde, die »demokratische Erneuerung des Bewußtseins der Bevölkerung« werde davon beeinträchtigt.

Der damals noch existierende Bestand von 56 000 Exemplaren, insgesamt 84 Titel, und das Verlagsarchiv verschwanden spurlos. Ab 1952 erscheint in Stuttgart zum dritten Mal eine *Tauchnitz Edition*. In drei Jahren werden vierzig Bände verlegt. Danach ist Schweigen im Walde. 1973 wird der Bernhard Tauchnitz Verlag wegen Vermögenslosigkeit im Handelsregister gelöscht.

Für Fans der *Tauchnitz Edition* gibt es noch eine gute Nachricht: Ich besitze etwa 1 000 Exemplare, 1 200 Bände weist die Bodleian Library der Universität Oxford aus und etwa 10 000 Bücher der *Tauchnitz Edition* befinden sich verstreut in US-amerikanischen Bibliotheken ...

P.S. In den wüsten Wirren der Wendezeit fand ich bei Recherchen im volkseigenen Graphischen Großbetrieb Interdruck in einer Tüte mit der Aufschrift »Brandstetter« 34 Originalbriefe von Charles Dickens und acht von dessen Sohn an Bernhard Tauchnitz. Sie stammen aus den Jahren 1846 bis 1880. Nach der Auflösung des Archivs hatten sich dieselben offenbar in Luft augelöst. Ihre Spur verlor sich in den leeren Hallen ...

IV Ein schwerer Brief

Ich hielt einen schweren Brief in der Hand. Der Umschlag aus einer Art Lackleder war mit Messingklammern verschlossen. Nach etlichen Versuchen gelang es mir schließlich, ihn mit einer Kombizange aus der Heimwerkerabteilung des Leipziger Magnet-Warenhauses zu öffnen. Im Umschlag befand sich ein zweiter Umschlag aus geteertem, brüchigem Hanfstoff, der ein Stück feinsten Saffianleders enthielt; darauf war ein ehemals eingerolltes Pergament geklebt, das sich seltsam wellte.

Links oben zierte das Pergament ein verwaschenes, goldgeprägtes Wappen mit einer Brigg. Der Rumpf glich einem Nashorn, das eine Krone trug, und das Horn bildete den Bugspriet. Unten klebte ein dickes Siegel. Der rote Lack war von unzähligen Rissen durchzogen und vom Zahn der Zeit benagt. Aus dem Siegellack ragte etwas heraus, das einem kleinen abgeschnittenen Zopf ähnelte. Er war offensichtlich nicht aus Menschenhaar und wirkte irgendwie exotisch. An einer Stelle waren einige Haare gebrochen, und unter der Lupe sah ich, daß der Querschnitt oval war. Aha, das konnte nur die Siegelschnur von Sir John Barrow sein. Als Vertreter der britischen Admiralität hatte er solche Schnur, die aus zusammengedrehten Nashornschwanzhaaren bestand, während seiner Amtszeit im frühen 19. Jahrhundert benutzt.

Doch wie kam ein Brief mit dem Wappen der britischen Royal Society of Boats and Rafts, der Königlichen Gesellschaft für Boote und Flöße, denn darum mußte es sich hier ganz zweifellos handeln, zu dem Siegel von Sir John Barrow, dem Sekretär der Admiralität, einer Regierungsbehörde?

Ich versuchte mit Lupe und zwei Leselampen, die Botschaft zu entziffern. Die Unterschrift stammte wohl von Sir John, als Ausstellungsort des Schreibens konnte London gelten, und die Anrede lautete »Kapitän Seiner Königlichen Majestät John Franklin«. Wenn ich alles richtig interpretierte, handelte es sich um den Auftrag, mit einem Kriegsschiff nach China zu segeln und die Chinesen zur Räson zu bringen, die angeblich den Respekt vor der britischen Krone verloren hatten.

Soviel ich wußte, war Franklin nie in China gewesen. Er war sechs Jahre lang Gouverneur in Tasmanien, segelte an der australischen Küste entlang und verbrachte viele Jahre seines Lebens im ewigen Eis, wo seine Seele oder sein Geist ganz sicher auch heute noch beheimatet sind. Aber China …? Oder vielleicht doch? Es gibt ja allenthalben noch Geheimnisse zu entdecken.

Als dieser Gedanke an meinen Hirnwindungen entlangturnte, bemerkte ich, daß sich die linke untere Ecke des Pergaments etwas aufrollte und darunter ein chamoisfarbener Untergrund hervorlugte. Lag da vor mir ein Geheimdokument? Vielleicht ein Blatt, das sich spaltete, wenn es von einer bestimmten Person berührt wurde? Ein Zeugnis des präindustriellen Okkultismus? Ich wußte zwar nicht genau, was das eigentlich war, aber es war auf jeden Fall geheimnisvoll, ungewöhnlich und verboten.

Vorsichtig zog ich an der Ecke, und das Blatt spaltete sich wirklich: das Oberteil hob sich ab wie die Deckseite einer Schnittwurstpackung aus Oberfranken. Trotzdem war ich mir ziemlich sicher, daß sich darunter keineswegs Geschmacksverstärker und Konservierungsstoffe von E 250 bis E 621 verbargen.

Ich hatte richtig vermutet. Vor mir lag ein Blatt, eng beschrieben mit Sütterlin! War das nicht jene Schrift, die in grauer Vorzeit von den Goten erdacht worden war? Auf jeden Fall war es die Schrift meiner Großmutter. Uns war es in der Schule verboten gewesen, die »Deutsche Schreibschrift« zu benutzen. Wir mußten »lateinisch« schreiben; das war nicht so aggressiv wie das Sütterlin mit seinen kantigen Buchstaben. Die lateinische Schrift besaß viel mehr Schwünge und Rundungen. Für mich als Jungen hatte sie sogar etwas Busiges, wirkte erotisierend. – Lang, lang ist's her …

Langsam begann ich, den Text zu studieren. Es war nicht einfach. Das lange »s« und das »f« sahen sich zum Verwechseln ähnlich. Auch das »e« und das »n« waren schwer auseinanderzuhalten. Und das große »Z« wirkte wie ein »B«. Hinzu kam, daß die Tinte stellenweise bis zur Unlesbarkeit verblaßt war und man die Buchstaben aus den Kratzspuren der Feder rekonstruieren mußte.

Meine Augen brannten stärker als die beiden Lampen, deren Wattzahl ich in den vergangenen Stunden schon mehrmals erhöht hatte, was sich bei den Augen nicht machen ließ.

Hier der Wortlaut der geheimen Mitteilung:

»Mein lieber deutscher Freund!

Auch wenn zwischen Dir und mir viele tausend Meilen und 161 Jahre liegen, weiß ich um Deinen Kindheitstraum, der Dich selbst mit dem Erreichen des gesetzlich vorgeschriebenen Rentenalters nicht loslassen wird. Jetzt ist die Zeit, sich von dem Stoff, aus dem die Träume sind, einen wasser- und windabweisenden Fahrrock zu schneidern und aufzubrechen ins ewige Eis. Dein Floß steht bereit, gleich bei mir um die Ecke. Du findest mich in Kanada, auf Baffin Island, der Baffin-Insel im hohen Norden. Ich arbeite seit einigen Jahren für ein Inuit-Reisebüro. Unsere Firma heißt Inuit Adventure Tours, und Du wendest Dich am besten an Joan Keema. Sie weiß, wo Du mich findest. Wenn ich mich freimachen kann (Rentner haben niemals Zeit!), fahre ich mit Dir. Ich habe nämlich mit dem Nordpol noch eine Rechnung offen.

Ich weiß, Du willst auf meinen Spuren wandeln. Das kannst Du auch, wenn Du nicht zum Nordpol *gehst*, obwohl ich weiß, daß Du – wenn Du es wolltest – es durchaus könntest, sogar zu Fuß.

Aber vergiß nicht: Wollen ohne Können ist nutzlos, aber Können ohne Wollen ist ein Verbrechen.

Nun genug der Belehrung. Den Brief habe ich zur Tarnung in deutsch geschrieben, denn unser Geheimdienst liest sonst alles mit. Und Englisch kann ich auch nicht mehr richtig. Trotzdem wird ein englisches Wesen Dir den Brief überbringen. Sei nett zu ihr.

Ich weiß, Du stehst unter Dampf, aber in Deiner Situation hilft Dir kein Dampfer, sondern nur ein Floß!

In diesem Sinne – Dein Konteradmiral S.J.F.«

Die Bremsspur war verschwunden

Nicht nur die Faszination des im Sand versiegenden Wassers, wie ich sie aus der Dresdner Heide vom »Verlorenen Wässerchen« kannte, sondern auch Wasser, das mitten im Sandmeer sprudelte, ein Brunnen in der Wüste, hatte schon früh meine Phantasie beschäftigt. Deshalb war es nur logisch, daß es mich vom dunkelgelben Sand des Dresdner Hellers zu den roten Dünen der afrikanischen Namib-Wüste zog.

Doch bis dahin ist es noch weit. Bevor ich zu besagten Dünen gelangte, die mit ihren 200 Metern als die höchsten der Welt gelten, mußte ich noch diverse andere Wüsten und Steppen durchqueren.

Wir, vier Leipziger, waren in Windhuk gelandet. Die Hauptstadt Namibias liegt 1500 Meter hoch. Das war günstig. Erstens war es hier nicht so heiß wie in der Wüste, und zweitens bedeutete es, daß wir zum Meer, denn das war unser Ziel, bergab fahren würden.

Natürlich hatte ich für unsere Reise ein Auto gemietet, das auch bergan fahren konnte. Es war ein Toyota, der zwar keinen Allradantrieb, dafür aber hinter den fünf Sitzen einen Gepäckraum besaß, in dem man bestimmt zwölf Koffer und mehrere Reisetaschen hätte unterbringen können. Da wir zu viert waren und nur acht Koffer und mehrere Reisetaschen hatten, konnten wir das leider nicht beweisen.

Der Wagen, ein Mischling zwischen Kombi und Transporter, war sogar für Wasserdurchfahrten geeignet. Dies konnten wir leider auch nicht testen, da alle Flußläufe, die wir querten, ausgetrocknet waren. Aber das soll ja in der Wüste vorkommen.

Dafür gab die Klimaanlage schon auf der Fahrt vom Flughafen in die Stadt ihren Geist auf. Korrekterweise müßte man sagen: Sie hatte gar keinen Geist, den sie aufgeben konnte, denn der Keilriemen zum Antrieb des Kühlaggregats war einfach nicht da.

Das merkte ich aber erst in der großen Toyota-Werkstatt in Windhuk, die ich sogleich angefahren hatte. Während ich noch überlegte, was auf englisch »die Führungsscheibe des Antriebs für das Kühlaggregat der Klimaanlage führt keinen Keilriemen« heißt, kam der Werkstattchef heraus und sagte: »Open the hood!« – Öffnen Sie die Haube! Glücklicherweise wußte ich, daß damit nicht die Kopfbedeckung der an uns vorübergehenden schwarzen Dame in der traditionellen Herero-Kleidung, sondern die Motorhaube gemeint war. Ich kam der Aufforderung nach, und der Mann blickte in den Motorraum und lachte: »Noi, des giebsch a net.« – Er stammte aus dem Schwabenland!

Da die Werkstatt offiziell schon geschlossen war, hätten wir am nächsten Tag wiederkommen müssen. Doch erinnerte ich mich, daß die Verleihfirma am Flughafen mir eine Nummer gegeben hatte, die ich sogar mitten aus der Wüste anrufen könnte, wenn wir ein Problem hätten. Sie würden uns aus jeder Situation herausholen, egal, wo wir wären. »24-hour-service, of course!« Natürlich!

Allerdings hatte ich in jenem Augenblick nicht daran gedacht, daß Telefonzellen in der Wüste eher selten sind. Außerdem wußte ich nicht, daß das Handy, das wir gemietet hatten, nur in einem Umkreis von 30 Kilometern in der Nähe größerer Städte funktionierte.

Ob es in der Autoverleihfirma wirklich einen Vierundzwanzig-Stunden-Dienst gab, konnte ich nicht feststellen, denn schon nach achteinhalb Stunden – es war morgens 1 Uhr dreißig – meldete sich eine muntere Mädchenstimme, die mir eine andere Nummer, die des Pannenhilfsdienstes, gab und mich bat, dort anzurufen.

Schon nach fünfundfünfzig Minuten meldete sich jemand, dessen Stimme mir vertraut schien: Es war die gleiche junge Dame, die ich vor einer knappen Stunde an der Strippe gehabt hatte. Sie entschuldigte sich und gab mir wieder eine andere Nummer, unter der sich ein freundlicher junger Mann meldete – es ging auf drei Uhr früh – und mir versprach, daß am nächsten Morgen gegen neun jemand käme, um den Keilriemen zu verkeilen – oder was immer ein Automechaniker damit anstellte, damit das Kühlaggregat die Temperaturen im Wageninnern unter 35 Grad Celsius drückte.

Zwei Stunden nach der vereinbarten Zeit – ich mußte mich nun langsam daran gewöhnen, daß ich nicht von meiner Werkstatt in der Delitzscher Straße betreut wurde, kam ein smarter Bursche in weißem Hemd auf den Hof des Hotels gefahren. Ich hatte schon die Motorhaube unseres Fahrzeugs geöffnet. Er begrüßte mich freundlich. In der Hand hielt er jedoch keinen Mutternschlüssel, sondern den Zündschlüssel für einen Austauschwagen. Er zeigte mir, daß der Keilriemen für das Kühlaggregat vorhanden und durchaus straff gespannt war. Ich quittierte den neuen Leihwagen, er klappte die Motorhaube des defekten Toyotas zu und brauste davon. Ich blickte ihm nach – mein Mund stand offen. Innerhalb von zwei Minuten war ich zwar Inhaber eines neuen Leihwagens geworden, der offenbar alle Keilriemen besaß, die der Hersteller dafür vorgesehen hatte, aber weder wußte ich, wo das Ersatzrad war, noch kannte ich den Aufenthaltsort einer Werkzeugtasche oder des Wagenhebers. Das sollte sich noch als folgenreich erweisen.

Bei der Probefahrt mit dem neuen Wagen – am Tag darauf wollten wir zu unserem 5000-Kilometer-Wüstentrip starten – bog ich in den Hügeln am Stadtrand auf die Hauptstraße ein, als ein PKW hinter mir mit quietschenden Reifen zum Stehen kam. Ein junger Mann sprang heraus, schrie mich an, ich wisse wohl nicht, wo ich sei, und zeigte mit schreckgeweiteten Augen auf seine qualmenden Reifen.

Zum einen mußte ich zugeben, daß ich wirklich nicht wußte, wo ich war, und zum anderen fielen mir ebenfalls fast die Augen aus dem Kopf. Die nach verbranntem Gummi riechenden Reifen meines Kontrahenten zeigten an den Laufflächen schon die Leinwand. Sie waren brennend heiß – wie Wüstensand.

Mein junger »Freund« behauptete, der Zustand der Reifen sei das Ergebnis des von mir verschuldeten Bremsmanövers. Ich ging mit ihm zehn Meter zurück. Es war keine Bremsspur zu sehen. Ich schlug ihm vor, in die nächste Werkstatt zu fahren und die Reifen begutachten zu lassen.

Das wollte er nicht. Er machte einen Gegenvorschlag. Seine Werkstatt war etwa 80 Kilometer entfernt. Dahin sollte ich mit ihm fahren und ihm neue Reifen kaufen, weil sie dort besonders preisgünstig seien.

Ich sagte ihm, das sei eine blendende Idee, stieg in meinen Lieferwagen und fuhr in die Stadt. Da war er geliefert. Er fluchte und fuhr mit quietschenden Reifen in die entgegengesetzte Richtung.

Eine Fata Morgana

Nachdem uns die erste Etappe der Wüstentour über asphaltierte Straßen bis fast an das Etappenziel, die »Vingerklip Lodge«, geführt hatte, mußten wir danach mit *gravel roads*, unbefestigten Straßen, vorliebnehmen. Das sind keine Schotterstraßen, wie der Name vermuten läßt, sondern meist ausgefahrene Wege auf felsigem Grund. Sie haben ein Waschbrettprofil und sind nur mit Geschwindigkeiten von unter zwanzig oder über 70 Stundenkilometern befahrbar. Anfangs hatte ich es mit 50 Stundenkilometern versucht, aber zwei Beulen am Kopf, ein abgebrochener Zahn und ein ausgerenkter Kiefer bei unserer Viererbesatzung ließen mich dann doch eine höhere Geschwindigkeit wählen. Dabei muß man unheimlich achtgeben, denn diese Straßen sind glatt und werden bei Regen zu einer »Schmierseifenpiste«. Außerdem wird vor Wildtieren gewarnt, die die Straße kreuzen könnten.

Gut, das ist auch in der Dübener Heide nicht anders. Allerdings macht es einen gewissen Unterschied, ob man auf der B2 mit einem Hasen – es sollen in der Heide angeblich noch mehrere herumhoppeln – oder auf einer afrikanischen Wüstenpiste mit einem riesigen Warzenschwein oder gar einem Elefanten zusammenstößt.

Die nachdrücklichsten Warnungen, die das Benutzen der Wüstenpisten betreffen, las ich in einem von der deutschen Botschaft in Namibia veröffentlichten Hinweiskatalog für Reisende. Glücklicherweise hatten wir zu der Zeit die Wüste bereits durchquert, und zu unserer großen Freude war uns während einer Nachtfahrt mit 125 Stundenkilometern kein Kudu-Bock vor den Kühler gelaufen. Das wäre einem ungebremsten Aufprall auf eine Mauer gleichgekommen.

Daß sich bei Unternehmungen in Afrika Trugbilder einstellen können, wissen wir nicht zuletzt aus Schlagern, in denen die schöne Wüstenprinzessin sich fatalerweise als Fata Morgana entpuppt.

Als wir eines Tages in den Nachmittagsstunden bei flirrender

Hitze plötzlich einen mittelgroßen Elefanten vor uns sahen, waren wir wahrlich erstaunt. Schließlich hatten wir uns auf die Reise vorbereitet, und in dieser Gegend durfte es gar keine Elefanten geben. Wir hielten an und schlugen im Reiseführer nach. Da stand es schwarz auf weiß: Elefanten waren hier – nahezu einhundert Kilometer vom nächsten Wasserloch – noch nie gesichtet worden. Wir schlugen den Reiseführer zu, die Augen auf und schauten nach vorn. Der Elefant war verschwunden. Also doch eine Fata Morgana!

Am Abend, nach 600 Kilometern Fahrt in einem Hotel in Swakopmund angekommen, fragten wir an der Rezeption, ob es in der Gegend Elefanten gäbe. Der Hotelbesitzer schüttelte lächelnd den Kopf. In seinen Augen lasen wir: Wer hat euch denn den Elefanten aufgebunden? – Zwei Tage später trafen wir ein Ehepaar aus Amsterdam, die beiden erzählten uns, daß sie hier unten tatsächlich einen Elefanten gesehen hätten: grau, mittelgroß, abstehende Ohren. An der gleichen Straße wie wir. Na bitte!

Meist waren die Wüstenpisten ziemlich breit, obwohl man an einem Tag kaum fünf Fahrzeugen begegnete. Schmaler wurden die Straßen nur, wenn sie sich durch Hügelketten zogen. Wurde es einmal richtig eng, fuhr man ziemlich sicher auf der falschen Strecke.

An einer Weggabelung – Hinweisschilder waren nicht in Sicht – wählten wir den breiteren Weg, der zwar nicht ganz in die vorgesehene Richtung führte, aber vertrauenerweckender (wenn man es so nennen konnte) aussah als der andere. Nach zehn Kilometern befanden wir uns auf einer Sandpiste, kaum breiter als unser Fahrzeug. Struppige Büsche säumten den Weg. Das Gelände war hügelig und gestattete keinen Ausblick. Aber selbst der hätte uns nicht weitergeholfen – nichts als dürres Buschwerk und Felsen umgaben uns. Wir fuhren zu weit nach Westen. Das war gefährlich. Das heißt, es war eigentlich nicht so schlimm, denn nach mehreren Tagen würden wir ans Meer kommen, und dort gab es wieder eine Straße, sogar eine befestigte.

Um dahin zu gelangen, brauchte man aber drei Dinge: genügend Wasser, Benzin und einen straßenähnlichen Untergrund. Also Wasser hatten wir noch …

Als sich die Sonne dem hinter Büschen verborgenen Horizont näherte, wurde ich unruhig. Wir fuhren im zweiten Gang, durchquerten einen Flußlauf, zum Glück ohne Fluß. Am anderen Ufer mußten wir einen ziemlich steilen Sandhang überwinden, um dahinter wieder auf ein breites Flußbett zu stoßen, welches – und das kam nun völlig überraschend – aus reinem Sand bestand. In der Hoffnung, daß der Sand nicht tiefer als der Durchmesser unserer Räder war, ließ ich den Wagen langsam das Steilufer hinuntergleiten. Glücklicherweise schien ein fester Untergrund vorhanden. Ich gab Gas. Die Räder drehten durch. Ganz sachte fuhr ich schließlich durch das ausgetrocknete Flußbett. Hoffentlich gab es hier keine Sandtrichter. Darin könnten wir samt Auto spurlos verschwinden – bloß die Reifenspuren würden von uns bleiben. Natürlich.

Das andere Ufer erreichten wir mit Mühe und Not. Dort standen größere Bäume. Und unter den Bäumen hockten windschiefe Holzhütten. Hühner und kleine Ziegen starrten uns an. Dann gesellten sich noch drei Kinder dazu. Sonst war kein Mensch zu sehen. Ich fragte das größte Kind, wo der Vater sei. Kopfschütteln. Als ich nach der Mutter fragte, trat eine junge Frau hinter der nächsten Hütte hervor. Sie war schwanger, trug ein dunkelblaues Kleid mit gelben und roten Rosen und ein Baby auf dem Arm. Um den Kopf hatte sie ein dunkles Tuch geschlungen. Die Füße steckten in Badelatschen, wie es sie bei »Drospa« gibt.

Sie betrachtete uns verwundert, schüttelte den Kopf und bestätigte, daß wir uns auf dem richtigen Weg befänden. Frohgemut trat ich auf das Gaspedal, und flugs ging es hinaus in die endlose Steppe oder Wüste oder Halbwüste oder Wüstensteppe. Was auch immer, es ging auf jeden Fall hinaus. Und das war enorm wichtig. Denn da draußen hinter den sieben Hügeln, bei den sieben Bergen, lag nicht Schneewittchen, sondern unser Tagesziel: die Bucht von Lüderitz.

Der Bremer Kaufmann Adolf Lüderitz, eigentlich Spezialist im Tabakhandel, hatte 1883 den dort ansässigen Nama die Bucht von Angra Pequeña und das angrenzende Land in Südwestafrika für wenig Geld und ein paar mehr Gewehre abgekauft. Damals wußte er noch nicht, daß er damit eine der ergiebigsten Diamantenlagerstätten Afrikas erworben hatte. Ein Jahr später proklamierte Reichskanzler Bismarck die deutsche Schutzherrschaft über dieses Gebiet.

In einem Ort namens Aus erreichten wir wieder eine befestigte Straße. Warum der Ort so hieß, erfuhren wir sofort: das Benzin war aus. Zum Glück hatten wir noch einen Rest im Tank.

Wir kamen auf der asphaltierten Straße gut voran, obwohl die in Kanada hergestellte Karte entschuldigend feststellte: »Landstraßen, selbst asphaltierte, sind in ganz Afrika im allgemeinen von schlechter Qualität. Autor und Verlag lehnen daher jegliche Haftung für den Verlust von Eigentum oder Leben sowie für körperliche oder persönliche Verletzungen ab, die durch das Benutzen dieser Karte entstehen.«

Das macht einem ja richtig Mut, sich der Karte anzuvertrauen! Wir haben es getan und erlitten keinerlei Unbill.

Einige Kilometer vor Lüderitz machte sich ein unangenehmer Seitenwind bemerkbar. Kurz darauf tauchten Verkehrsschilder auf, die eine Straße zeigten, welche in einen Berg führte. Aha, Warnschilder, die auf einen Tunnel hinweisen. Von einem Tunnel hatte ich im Reiseführer zwar nichts gelesen, doch kannte ich ähnliche Schilder aus der Schweiz. Dort sahen sie wohl ein bißchen anders aus. Nun, die Schweiz liegt ja auch nördlich des Äquators, und hier waren wir schon südlich des 26. Breitengrades.

Es war inzwischen dunkel geworden. Der Wind wurde stärker. Wir erreichten einem Hügelkamm, und unter uns tauchten die ersten Lichter von Lüderitz auf. Ich fuhr vorsichtig am linken Straßenrand. (Achtung: in Namibia Linksverkehr!) Plötzlich, hinter einer scharfen Kurve, kippte das Auto nach rechts. Zwei Räder berührten noch die Straße. Aber wo waren die beiden anderen? Sie steckten in einer Sanddüne, die schon fast die ganze

Straße bedeckte. Glücklicherweise hatten wir genug Schwung, und nach ein bis drei Schrecksekunden plumpste der Wagen wieder auf die Straße.

Die Schilder hatten uns warnen sollen: Achtung Düne! Und die sieben Hügel und die sieben Berge waren gar keine Berge und Hügel, sondern Sanddünen, die nach und nach die Zivilisation unter sich begraben würden. – Na und, wäre das ein Verlust?

Das Ferienhaus, in dem wir zwei Tage gehaust hatten, war die Replik eines DDR-Betriebsbungalows am Feldberger See. Aber während es am Feldberger See nur Fischkonserven gab, konnten wir uns hier eine große Platte mit frisch gefangenen Fischen, Krabben und Langusten schmecken lassen. Dazu tranken wir ein namibisches Bier, »gebraut nach dem deutschen Reinheitsgebot«.

Dieses Bier war uns am Abend so gut bekommen, daß wir mit dem ersten Sonnenstrahl, der in unseren Ferienbungalow drang, in die ehemalige Diamantenstadt Kolmanskop, also Kolmanns Kuppe, aufbrachen. Da man durch die Fenster des Bungalows nach Süden blickte, war es zu unserer Überraschung schon ziemlich spät, als wir endlich ins Freie traten.

Wir fuhren eine knappe halbe Stunde, dann kreuzten wir einen neben der Straße verlaufenden Schienenstrang und kamen in die »Geisterstadt Kolmanskop«. Der Ort – oder was davon übriggeblieben war – lag tatsächlich auf einer Kuppe. An deren Fuß stand ein riesiges Gebäude – die Schleuse zu den Diamantenfeldern, die wenige Kilometer entfernt waren. Die Signallampen an der Einfahrt zeigten Rot. Das Passieren der Schleuse ist nur den Angestellten der Gesellschaft, die hier Diamanten fördert, erlaubt. Kein Mensch war zu sehen. Uns wurde aber versichert, daß jede Bewegung in Richtung der Schleuse registriert würde.

Touristen erhalten in kleinen, übersichtlichen Gruppen die Erlaubnis, die Diamantenfelder zu besuchen. Die Bearbeitung des Antrags dauert allerdings mindestens eine Woche. Damit hatte sich die Frage erübrigt, ob wir vielleicht heute noch ein paar Diamanten auflesen könnten.

Wir trösteten uns mit einem Besuch in dem kleinen Museum, das Gebrauchsgegenstände aus der Zeit des Diamantenbooms zeigte. Wie beschwerlich das Leben in der Wüste gewesen war: Trinkwasser mußte mit einem Schiff aus dem 300 Kilometer entfernten Walvis Bay herbeigeschafft werden. Jede Familie erhielt täglich nur eine äußerst gering bemessene Wasserration.

Neben einer Schule und einem Haus für die Lehrer gab es ein

in den zwanziger Jahren erbautes Gesellschaftshaus mit Kegelbahn und Festsaal. Der Rest des Ortes war im Sand versunken.

Der Festsaal besitzt eine Wandtäfelung und darüber eine Art-déco-Tapete, wie man sie in Deutschland sicher nicht mehr findet. Um die hervorragende Akustik des Saales zu demonstrieren, wurde die kleine Besuchergruppe von der Führerin um einen musikalischen Beitrag gebeten. Da die Gruppe – neben uns vier Leipzigern – nur noch aus drei Engländern und zwei Spaniern bestand, faßte ich mir ein Herz und stimmte gefühlvoll die »Leipzcher Bargarohle« unserer sächsischen Mundartdichterin Lene Voigt an. (Natürlich nur die erste Strophe!) So etwas hatte man sicher in Kolmanskop noch nie gehört. – Die Akustik jedenfalls war beeindruckend.

Hinter der Bühne entdeckten wir ein großes Transparent mit der Aufschrift »Alle Lüderitzen treiben es zum Karneval auf die Spitzen!« Das war wohl ein Überbleibsel vom Lüderitzer Rosenmontagsumzug, der alljährlich hier stattfindet.

Fünfzig Jahre, nachdem die letzten Bewohner Kolmanskop verlassen hatten, feiert die deutsche Tradition des Karnevals mitten in der namibischen Wüste fröhliche Urständ. – Na Prost!

Auch die Kegelbahn wurde wieder überholt und ist jetzt das Highlight des Ortes. Hier finden Feiern von Lüderitzer Bürgern, den »Lüderitzbuchtern« statt. Ein wenig wurde ich an die Feiern zur Erringung des Titels »Kollektiv der sozialistischen Arbeit« erinnert. Die Brigade »Roter Oktober« vom VEB Granulatverbesserungswerk wäre sicher gern mal zu einer Brigadefeier hierher gekommen – schade, daß es mit den DDR-Reisepässen immer so klemmte!

In einem größeren Nebenraum – einstmals hatte er als Küche gedient – sind Turngeräte der ehemaligen Schule deponiert: ein Barren, ein Trampolin, ein Bock, zwei Kästen. Und eine echte Kokosmatte!

Ich schaute mir den Barren etwas genauer an. Am Gestell war eine ovale Fläche blank geschliffen. Und da stand: Dietrich & Hannak, Chemnitz-S. Ich fragte, wie lange die Geräte schon hier abgestellt wären. – »Schon ewig«, antwortete unsere Führerin. Auf die Frage, wo ihrer Meinung nach Chemnitz-S. liegt, antwortete sie: »Oben im hohen Norden, ich glaube in Germany.« Die Frage, wie lange die Geräte hier wohl noch stehen würden, beantwortete sie ganz entschieden: »Bis Kolmanskop in der Wüste versinkt. Aber das kann noch fünfzig Jahre dauern.«

Gut, dann schau ich in fünfzig Jahren noch einmal vorbei.

V Probefahrt nach Kanada

Mir zitterten die Hände und die Knie wie Espenlaub, obwohl ich mein Lebtag noch keine Espe zittern gesehen habe. Ein Brief vom verschollenen Sir John Franklin! Er lebte also doch noch? Wie alt müßte er jetzt sein? – 222 Jahre. Ein wahrhaft biblisches Alter. Dabei waren die im Alten Testament erwähnten Herren Methusalah und Noah mit 969 beziehungsweise 950 Jahren noch wesentlich älter ...

Ich mußte mich erst einmal hinsetzen. Dann nahm ich das Blatt wieder zur Hand. »Ganz ruhig bleiben«, sagte ich mir. Ich versuchte die Informationen, die mich durch »ein englisches Wesen« erreicht hatten, zu sortieren.

»Mein lieber deutscher Freund ... weiß ich um Deinen Kindheitstraum ... aufzubrechen ins ewige Eis ... Dein Floß steht bereit ...« und dann »Nordpol ...«. Es war ganz klar: Alle wesentlichen Fakten waren erwähnt. Aber wie hatte der geheimnisvolle Fremde mich aufgespürt?

Ja, da gab es noch etwas, das ich in der ersten Aufregung übersehen hatte: Am Rand des Briefes ein kaum leserliches *PS* und dahinter: »Meinem Freund Moscheles verdanke ich Deine *whereabouts*.« – Das Wissen um meinen Aufenthaltsort verdankte Sir John Franklin dem großen Pianisten Moscheles? Na, jetzt wurde es aber verrückt! Welche Verbindung gab es bloß zwischen Ignaz Moscheles, dem Lehrer Mendelssohn Bartholdys, und mir? Natürlich, das hätte mir auch gleich einfallen können: Das Königliche Conservatorium, heute die Hochschule für Musik und Theater, war bei mir um die Ecke. Dort hatte Moscheles nach seinem Aufenthalt in London gelehrt, bis er vor fast 150 Jahren gestorben war. So einfach spielt manchmal das Leben. Hatte den großen Unbekannten die Straße, in deren erstem Haus ich wohnte und die den Namen des in Prag geborenen und in Leipzig gestorbenen Musikers trug, zu mir geführt? – Bald würde ich es wissen.

Ich ging zuerst einmal auf den Boden, denn dort waren die Utensilien verstaut, die ich auf die Floßfahrt hatte mitnehmen wollen: ein rosa Kunsthanfseil, die Floßrollen aus Hartgummi und der Bootshaken. Nichts davon war zu finden. Ich durchforstete unsere drei Keller – keine Spur des Floßzubehörs. Nicht einmal die Kiste mit der Aufschrift »Manweißjaniewozumanesnochgebrauchenkann« fand ich. Das konnte doch nicht wahr sein! Der Traum meiner Kinderjahre, der Schweiß eines Floßbauvorbereitungssemesters, der Schmerz beim Verglühen im Kamin – sollte das alles umsonst gewesen sein?

Nichts von dem, was ich suchte, war zu finden.

Dann fiel mir ein, daß wir in der Wohnung noch einen ziemlich großen Hängeboden hatten. Dort stieß ich nach intensivem Suchen auf die Kiste. Darin fanden sich zwei Rollen Kupferdraht, drei Maurerkellen, ein Viertelmeter Zinkblechdachrinne, eine Ecke von einer Schaumstoffmatte und ein altes Bohrfutter.

Von den Floßteilen keine Spur. Wahrscheinlich hatte ich sie – wie andere seit Jahren nicht benutzte Dinge – beim letzten Wohnungswechsel entsorgt. Da diese Aktion schon acht Jahre zurücklag, konnte ich mich an Einzelheiten nicht mehr erinnern.

Aber hatte ich wirklich nach allem gesucht, was im Zusammenhang mit der geplanten Floßfahrt stand. Nein, irgend etwas war da noch!

Und damit keimte wieder Hoffnung in mir. Ich mußte mich einfach nur erinnern, was es war, das ich bisher außer acht gelassen hatte.

Gleich stürzten die Erinnerungen auf mich nieder wie die Goldtaler in die Schürze der Marie. So etwas überaus Wichtiges konnte man wirklich nicht einfach vergessen! Na bitte: das Logbuch! Schon war es mir eingefallen. Das kommt davon, wenn man ein gutes Gedächtnis hat. Es mußte sich in meinem Schreibtisch, im Schub links oben befinden, wahrscheinlich zuunterst.

Ich durchsuchte den Schub – nichts. Ich unterzog alle Schübe und die diversen Stapel von Büchern, Mappen und Einzelblättern auf meinem zwei Quadratmeter großen Schreibtisch einer peinlich genauen Inspektion – ohne Erfolg. Doch die wochenlange Suche ist trotzdem nicht sinnlos gewesen, denn ich fand viele verloren geglaubte Dinge, von der geerbten Taschenuhr über inzwischen ungültige Geldscheine (unter hundert Mark!) bis zu einem echten Altenburger Skatblatt. Sogar die Ballkarte vom Abschlußball der Tanzstunde lag plötzlich vor mir. Ich war erstaunt, welche Tänze ich damals vollführt hatte. Ihre Namen hatte ich längst vergessen, von den Schritten ganz zu schweigen … Nur an die ständig wiederkehrende Mahnung des makellos übers Parkett schwebenden Tanzstundenlehrers erinnerte ich mich genau: »Meine Herren, der Oberkörper bleibt aufgerichtet, und er sollte nicht versuchen, das Jackett zu verlassen.« – Beim Boogie hatten wir dasselbe nämlich gern nach hinten über die Schultern gleiten lassen.

Ich fühlte mich trotz der erfolgreichen Suche elend. Allein, ohne mein Logbuch. Wie sollte ich nach Norden vordringen, wenn ich nicht minutiös – wie John Franklin das auf seinen Reisen immer getan hatte (am 3. August auf 59°58' große Eisberge gesichtet) – vermerken konnte, was mir Merkwürdiges begegnen würde.

Ich mußte das Logbuch wohl oder übel verlorengeben. Etwas merkwürdig war das schon, denn jahrelang hatte ich die für mich nutzlosen Dinge aufbewahrt und sie wahrscheinlich dann doch eines Tages entsorgt. Nun kehrten sie zurück. Aber leider entmaterialisiert. Als bloßes Gedankengut …

Mit diesem Gedankenspiel wollte ich meine Verunsicherung über das Verschwinden der Floßgegenstände überspielen. Ich machte mir Mut: Keine Frage, das ewige Eis war greifbar nah. Sollte doch – wie in dem geheimnisvollen Brief zu lesen war – ein Floß für mich da hinten oben … »gleich um die Ecke« stehen. Ich mußte hin. Vielleicht wartete dort noch mehr auf mich?

Falls ich wirklich Franklins Spuren folgen wollte, hätte ich mich allerdings auf einen längeren Aufenthalt im ewigen Eis vorzubereiten. Und schließlich konnte ich nicht in Schiesser-Baumwollunterwäsche, mit kariertem Hemd und Jeans zum 70. Breitengrad aufbrechen.

Ich brauchte Lebensmittel, um mein Übergewicht zu halten, eine eingeschliffene Schneebrille, um über den Rand der Landkarte blicken zu können, ein blinkendes Segel, um beim Gleiten übers Eis die gefährlichen gleichnamigen Bären zu blenden, und eine Meute Schlittenhunde, die nicht meuterten, wenn sie das Floß zur Not ziehen mußten. Und nicht zu vergessen: einen Karton Riesaer Zündhölzer, die mir schon oft gute Dienste geleistet hatten.

Die Frage war nur, welche dieser Dinge ich zu Hause und welche ich erst auf Baffin Island kaufen sollte. Was die Schlittenhunde und die Streichhölzer betraf, war ich sicher …

Absolut unsicher war ich, ob ich die Schlittenhunde selbst führen könnte oder ob ich einen Inuk-Führer auf der Baffin-Insel engagieren müßte. Letzteres würde sicher mein Budget übersteigen. Überhaupt sollte ich mich erst einmal mit dem hohen Norden vertraut machen. Der nördlichste Punkt, den ich bisher erreicht hatte, lag in Mittelfinnland bei 62° nördlicher Breite. Der nördliche Polarkreis befindet sich auf 66°33' nördlicher Breite. Zwei Drittel der Baffin-Insel lagen nördlich davon, und Franklin war sogar bis über den 82. Breitengrad hinausgekommen, als er mit zwei Schiffen den Nordpol zu erreichen versuchte – fast einhundert Jahre bevor der erste Mensch dann wirklich am Pol gestanden hat.

Ich beschloß, mich erst einmal auf der Baffin-Insel umzusehen, das Inuit-Reisebüro aufzusuchen und mich nach John Franklin zu erkundigen. Alsdann wollte ich natürlich »mein« Floß in Augenschein nehmen. Vielleicht müßte ich mich auch akklimatisieren? Immerhin betrug die Durchschnittstemperatur im kältesten Monat, dem Januar, dort fast minus 30 Grad Celsius.

Also trainierte ich zu Hause Nordpol. Meine Frau leerte den Gefrierschrank und nahm die Roste heraus. Dann zog ich meine Skiausrüstung an, setzte einen Fahrradhelm auf, damit ich, wenn ich am nächsten Morgen durchgefroren aus dem Gefrierschrank fallen sollte, mir nicht den Kopf einschlüge, und kroch in den Schrank.

Nachdem ich dieses Training mehrmals wiederholt hatte, fühlte ich mich gut vorbereitet und flog von Frankfurt über Montreal nach Iqaluit im Süden der Baffin-Insel, der fünftgrößten Insel der Welt. Am Flughafen sah ich ein Schild mit der Aufschrift »Tungngasugit inuit nunanganuut!« – Herzlich willkommen im Land der Inuit! oder Herzlich willkommen im Land der Menschen! Denn »Inuit« bedeutet nichts anderes als »Menschen«. Die Sprache der Inuit heißt Inuktitut und ist für den Mitteleuropäer ein echter Zungenbrecher. Es gibt aber auch einfache Wörter wie »ti« (Tee) oder »sukaq« (Zucker). Die Weißen sind die »Qallunaat« (die mit den buschigen Augenbrauen).

Die Inuit verwalten ihr ehemaliges Siedlungsgebiet seit 1999 selbst als nördlichstes kanadisches Territorium Nunavut. Es ist fünfmal so groß wie Deutschland, besitzt aber im Gegensatz zu diesem glücklicherweise – wie ich finde – nur wenige Kilometer asphaltierte Straßen. So ersparen sich die Bewohner der 4500 Einwohner zählenden Hauptstadt Iqaluit nervende Schlaglöcher, denn wie manches Auto sind auch Hundeschlitten nicht besonders gut gefedert.

Das alles erfuhr ich von Joan Keema, nachdem ich ihr kleines Reisebüro ausfindig gemacht hatte. In einem Holzhaus fand ich *Inuit Adventure Tours*. Joan begrüßte mich mit einem fröhlichen »asujutidli«, was soviel bedeutet wie »Hallo! Wie geht's?«. Man könnte es auch mit »Bist du es?« übersetzen. Ich schaute etwas verunsichert über meine linke Schulter. Niemand stand hinter mir. Also antwortete ich »Thank you, I am fine«.

Schlankenbeschwörung

Eigentlich wollte ich ja schon immer schlank sein. Ich wußte nur nicht, wie ich das anstellen sollte. Als ich noch klein war, hörte ich die Mutter sagen, wenn sie meine Schwester fütterte: »Komm, sei ein braves Mädchen, iß fein, damit du groß und schlank wirst.«

Aha, das ist es also, dachte ich. Wer viel ißt, wird schlank. Ich machte mich sogleich daran, mir einen kleinen Vorrat anzulegen: Ölsardinen fürs Frühstück, Mexikanischen Feuertopf zum Mittag, Wiener Würstchen zum Abendbrot. Wobei ich mich fragte, wo ÖL liegt, denn Mexiko und Wien kannte ich. Und immer, wenn eine Mahlzeit vorüber war, kletterte ich in mein Versteck, öffnete eine Büchse und verschlang den Inhalt, was aber überhaupt nicht zu einer Verschlankung führte. Eher zum Gegenteil.

Später las ich, daß beim Erschlanken Gewichtsverlust eine große Rolle spiele. Aha, das ist es also, dachte ich. Ich überlegte, worauf ich besonders viel Gewicht legte. Das mußte natürlich weg. Fortan legte ich größtes Gewicht auf den Verlust desselben. Erst einmal stopfte ich mir die Taschen mit Gewichten voll, trug einen gewichtigen Rucksack und hielt gewichtige Reden. Danach verlor ich absichtlich alles Gewichtige. Leider hatte auch das keine schwerwiegenden Folgen. Denn ein Erschlanken konnte ich keineswegs feststellen.

Dann erfuhr ich, daß Schlankwerdung nicht nur mit Essen und Gewichtsverlust zu tun habe, sondern daß das schnelle Wachsen dabei ganz wichtig wäre. Weil meine Schwester immer behauptete, ich höre sogar das Gras wachsen, lauschte ich jede Nacht sehnsüchtig meinem Wachstum und sah meiner Schlankwerdung entgegen. Ich ließ mir alles mögliche ans Herz wachsen. Natürlich beneidete ich alle, denen etwas über den Kopf wuchs. Warum passierte mir das bloß nicht?

Ich hatte bescheidene Erfolge zu verzeichnen. So gelang mir im Winter immer das schnelle Wachsen der Langlauf-Skier. Mehr leider nicht.

Man konnte natürlich auch schnell wachsen, wenn man bewußt etwas gegen das langsame Wachsen tat. Aber was? Das langsame

Wachsen entsteht ja vorwiegend dadurch, daß man Leitsätzen wie *Das Auge ißt mit!* nachgibt, obwohl man weiß: die Augen können sich nicht satt sehen und sind manchmal größer als der Magen. Wenn es ganz kritisch wird, kann man sogar jemanden mit den Augen verschlingen! Wenn das Auge verschlingt, bleibt für die anderen Organe allerdings nichts übrig – deshalb wächst man so langsam! Und wer langsam wächst, wird selten schlank. Oder: Wer selten wächst, wird langsam schlank. Also: Wer schlank wächst, wird selten langsam! Diesen Vorgang nennt man auch »Schlankenbeschwörung«.

Jetzt bin ich drin. Ich komm nicht mehr raus. Locked in. Reingelockt. Von einer Rotgelockten. Dabei wollte ich mich von Anfang an da raushalten. Aber dann kam Erika. Der Name bürgt für Qualität. Seit jeher. Und Erika hatte diese verführerischen Korkenzieherlocken. Wenn die reinkam, stockte allen Männern zwischen zwölf und zweiundneunzig der Atem. Sie bewegte sich wie eine Kurbelwelle im Ölbad, ach was sage ich, wie eine frischgeölte Kette auf der Shimano-Schaltung. Ihr Lieblingsslogan war: »Selbst ist der Mann!« Das bezog sich selbstredend nicht auf ihr Äußeres, sondern auf die neue Technik, sei es ein Einspritzmotor oder eine High-Level-Computermaschine. Sie löste alle Probleme selbst, und wenn sie arbeitete, wirkte es, als lösten sich alle Probleme von selbst. Nun, um der Wahrheit die Ehre zu geben, alle nicht …

Aber ich war ja auch noch da, ich und mein Fahrrad mit Gesundheitslenker. Denn ich hatte ihr unbegreiflicherweise imponiert, als ich – bei strömendem Regen in mein Allwettercape gehüllt – in die Pedale trat und sie mich mit ihrem knallroten Volvo-Sport überholte.

Wir hatten uns dann in der Salat-Bar ganz zufällig bei Bircher Müsli und Kiwi-Saft gegenübergesessen und bemerkten im Gespräch unsere gemeinsamen Interessen. Sie war ein Computer-Freak und schwärmte davon, was sie alles auf ein weißes Blatt zaubern könnte. Ich berichtete ihr begeistert von einem Wahnsinns-Blatt, das ich neulich beim Skat hatte, Grand ouvert. Ich lud sie ins Kino ein und schickte ihr sicherheitshalber die Karte mit der Post. Wir gingen ins Kino, allerdings in unterschiedliche Filme.

Aber sonst verstehen wir uns bestens, bis auf diese eine Sache eben. Sie hat mich genervt wegen dem Internet. Das hätten doch jetzt inzwischen alle – nur wir nicht. Sie merken, ich sage jetzt »wir«, denn wir waren den Schritt vom Ich zum Wir gegangen. Jeder hatte seine eigene Wohnung, aber sonst waren wir immer zusammen. Sie führte mich ins Internet ein, und ich … Naja, diese langen Winterabende … Da hat sie sogar für Augenblicke ihren Lieblingsslogan vergessen.

Aber schon bald hat sie wieder darauf bestanden, daß auch ich ein Freak werden sollte. Da hab ich erst mal im Wörterbuch nachgeschlagen: Freaks waren Leute, die im vorigen Jahrhundert öffentlich für Geld auf Jahrmärkten auftraten – Frauen mit Vollbart, Wolfskinder, Männer mit Busen. Nichts für mich!

Erika schwärmte unablässig davon, mit mir gemeinsam eine Seite ins Internet zu stellen: »Du surfst mit 800 MHz, die Website erscheint wie ein Wunder, und ich schicke dir eine Mail. Dann gehen wir ins Berliner Zimmer oder in unseren Chatroom, suchen uns einen scharfen Chatpoint, und ich chat mit dir und du chatst mit mir, dann werden wir glücklich sein!«

Ja, so lief die Geschichte. Es begann mit dem chatten und endete mit jetten. Ich bin nur noch mit dem Flieger unterwegs. Ich bin E-mail-Abfangjäger. Ein lukrativer Job, aber verdammt hart. Ich muß schneller sein, als die entsprechende E-mail, damit ich sie abfangen kann. Abends bin ich fix und fertig. Die E-mails schwirren mir sogar nachts noch durch den Kopf. Und als ich eines Morgens aufwachte, war ich – ob Sie's glauben oder nicht – völlig e-mail-liert.

Lob der Müdigkeit

Ich bin aber heute wieder müde! Kennen Sie das auch: Kaum erwacht und schon so müde! Von wegen: Morgenstund hat Gold im Mund. Ich habe Amalgam im Mund und morgens immer so eine pelzige Zunge vom Rotwein.

Also am liebsten schlafe ich und träume, daß ich schlafe und träume. Dabei bin ich gar kein Träumer. Ich bin eben nur immer so schrecklich müde. Also immer nicht. Morgens nach dem Aufstehen, beim Zähneputzen bin ich eigentlich putzmunter. Doch dann, nach dem Rasieren, fallen mir schon wieder die Augen zu.

Die Schulzeit habe ich eigentlich weitgehend verpennt. Die Lehrer warfen päckchenweise Kreide nach mir. Ohne jeden Erfolg. Irgendwie habe ich das Klassenziel doch immer geschafft. Wahrscheinlich bin ich im entscheidenden Moment aufgewacht. Jedenfalls behauptete das immer meine Frau. Mein Gott, ich sage »meine Frau«, und dabei weiß ich gar nicht, ob sie wirklich meine Frau ist.

Ich war nämlich bei der Trauung mal kurz eingenickt. Und dann hat mich der Pfarrer etwas gefragt. Mein auf die Brust gesunkener Kopf schnellte nach oben, und mir entfuhr ein erschrecktes: »Ja?!« – Wenn ich nur wüßte, was der Pfarrer mich damals gefragt hat …

Auf jeden Fall haben wir zwei putzmuntere Kinder. Das merkte ich vor allem, wenn ich müde von der Arbeit nach Hause kam und mich zur Ruhe setzen wollte. Das kam gar nicht in Frage. Jetzt mußten Märchen vorgelesen werden. Dornröschen hat es ja nur meinen Kindern zu verdanken, daß sie wachgeküßt wurde. Denn ich war mit dem Hofstaat schon längst entschlummert.

Sonst hatte ich in meinem Leben keine größeren Probleme mit meiner Dauermüdigkeit. Gut, bei der Armee bin ich mal mit einer entsicherten Handgranate eingeschlafen, aber die war aus DDR-Produktion. Sie ging nicht los. Glück gehabt!

Bei der Leitungssitzung im Betrieb habe ich stets mit offenen Augen geschlafen, und wenn mein Kopf »wegnickte«, dachte der Chef: Aha, der Kollege stimmt mir freudig zu. – Nur als ich während der Fahrt auf dem Motorrad eingeschlafen bin, gab es ein Malheur: Ich donnerte mit dem Kopf gegen einen LKW-Hänger und mußte für einige Zeit aus dem Verkehr gezogen werden. Danach konnte ich mich an nichts mehr erinnern.

Damit war ich für eine politische Laufbahn prädestiniert. Ich wurde bei Parteiversammlungen nur zur Abstimmung, zum Abnicken geweckt und als Jasager hoch gehandelt. Ich habe mich – wie man im Politjargon sagt – hochgeschlafen. Und die verschlafenen Jahre werden mir sogar angerechnet. Beim Übergangsgeld und bei der Rente. Die paar Jahre bis dahin halte ich noch durch. Ja, ich habe einen tiefen Schlaf. Und je tiefer der Schlaf, desto höher der Posten.

Bis zum Minister will ich es gar nicht bringen. Weder fürs Innere, noch für die Landwirtschaft. – Minister bedeutete ursprünglich einmal Diener. Das war offenbar vor langer Zeit. Heute dient ein Minister nicht mehr. Er verdient. Meist ziemlich viel Geld, manchmal Anerkennung, selten Verachtung. Gemacht wird ein Minister vom Bundeskanzler. Der ist natürlich auch nicht zu beneiden. Er muß einen Diener machen, der nicht dient. Ich verstehe ihn. Schon als kleiner Junge habe ich das gehaßt: Einen Diener zu machen.

VI Das ultimative Floß

Ich stellte mich im Reisebüro vor, gab einen kurzen Abriß der Geschichte meines Floßbaus und bat dann, mit John Franklin Kontakt aufnehmen zu dürfen. Als ich den Namen Franklin erwähnte, schien in Joan Keemas Augen für Sekundenbruchteile etwas aufzublitzen. Aber es kann auch das Öffnen der Tür gewesen sein, wobei sich das blendende Weiß der Außenwelt auf ihrem Gesicht spiegelte.

»Wenn man vom Teufel spricht …«, meinte sie vielsagend und wies auf einen jungen Mann, dessen wettergegerbtes Gesicht von einer Polarfuchs-Kapuze fast verdeckt war. Sein Inuit-Profil wurde nur für einen Augenblick sichtbar, als er durch die Tür schritt.

Er schob die Kapuze nach hinten, wandte sich mir zu und lachte. »Und – wie geht's euch in Europa?« Mir klappte der Unterkiefer herab. Ich mußte drei Wahrnehmungen auf einmal verarbeiten: der junge Mann sah aus wie ein Inuk, aber er hatte blonde Haare, blaue Augen und – sprach akzentfrei deutsch.

Ich schloß den Mund wieder, und meine Gedanken verknäulten sich. All die Berichte über versprengte Missionare, Erik den Roten, Rasmussen und Nansen schossen mir gleichzeitig durch den Kopf: Ein semmelblonder Inuk am Polarkreis! Das gab's in keinem DEFA-Film!

»Ich bin John«, brummte der Blonde und streckte mir seine Hand entgegen.

»Ja, also, sehr angenehm …«, stotterte ich ziemlich benommen.

»Das wird sich noch herausstellen«, versetzte er lachend. Ich lächelte schafsgesichtig.

»Komm, ich zeig dir dein Floß.«

Er wußte also Bescheid. Während er sich die Kapuze überstülpte, murmelte er noch: »Es ist gleich um die Ecke.« – Dieselben Worte, die auch Franklin in seinem Brief benutzt hatte.

»Wir gehen jetzt an der anglikanischen Kirche vorbei, die aussieht wie ein Iglu mit einem Speer als Spitze. Sie wurde von unseren Künstlern entworfen und hier gebaut. Die Messe wird übrigens in Englisch und Inuktitut gehalten.« John kannte sich aus.

»Aha«, sagte ich. Dabei wunderte ich mich die ganze Zeit, wieso er deutsch sprach. Aber danach wollte ich ihn jetzt nicht fragen.

Hinter einer schon etwas älteren, aber keineswegs baufälligen Holzhütte stand ein Gebilde, das mich im ersten Augenblick an ein Gefährt aus dem amerikanischen Film »Waterworld« erinnerte. Es handelte sich eindeutig um ein Wasserfahrzeug, denn es hatte ein Segel. Auf roh behauenen Planken stand eine Hütte, aus der ein Ofenrohr ragte. Daneben lagen mehrere kleine Holzfässer. »So, das ist es«, bemerkte John trocken.

Ich kniete mich neben das etwa sieben Meter lange Floß und betrachtete die quer liegenden Baumstämme unter den Planken. Sie waren dunkler als das übrige Holz und hatten einen ganz eigenen Geruch, der mich an irgend etwas erinnerte. Aber woran, das fiel mir im Moment nicht ein. Außerdem fror ich an die Knie. Es herrschten immerhin Temperaturen um minus 20 Grad. Beim Aufstehen sah ich noch, daß das Floß auf Kufen lag.

John zeigte auf eines der kleinen Fässer an Deck. »Deine Sachen«, brummelte er. Ich stieg auf das Floß und öffnete den mit einem Sprengring verschlossenen Deckel. Der Deckel klemmte etwas, doch durch eine leichte Drehung nach rechts ließ er sich problemlos öffnen. Auf dem Boden der Tonne lag ein Päckchen. Ich holte es heraus. Es war rechteckig, in Wachspapier eingewickelt und kreuzweise mit einem geteerten Strick verschnürt.

John reichte mir ein scharfes Messer. Ich zerschnitt den Strick und faltete das Wachspapier auseinander. Das Päckchen enthielt ein kleines Buch, an dem mit einer Messingklammer ein dickes vergilbtes Blatt Papier befestigt war. In dem mir bekannten Schriftzug stand da: »Bin unterwegs. Gute Fahrt und viel Glück. S.J.F.«

Unter dem Papier lag ... ein Schreck fuhr mir den Rücken hinab. Es war mein Logbuch, mein altes Poesiealbum aus der Schule, das ich vergeblich im Schreibtisch gesucht hatte!

Ich blickte mich nach John um. Er war nicht mehr da. Ich schob das Logbuch unter die Jacke und ging gemessenen Schrittes über das Deck zum Segelmast. Am Mast war etwas angebunden. Es war – der Enterhaken, den ich mir vor vielen Jahren für mein Floß besorgt hatte. Und er war mit einem Seil am Mast befestigt. Mit meinem alten rosa Kunsthanfseil!

Ich öffnete die Schiebetür zur »Kajüte«. Drinnen war es keineswegs dunkel, obwohl sich in jeder Wand – genau in Augenhöhe – nur ein schmaler, aber ziemlich langer Sehschlitz befand. Das Licht in der etwa zwei mal zwei Meter großen »Kajüte« kam, wie ich nach kurzer Zeit bemerkte, von den Wänden. Sie leuchteten nicht, sie strahlten! – Nein, nicht radioaktiv! Die Wände strahlten eine ganz eigene Atmosphäre aus.

Nachdem ich mich in der Kajüte umgesehen hatte, wurde mir endlich auch klar, wo bei einem Floß vorn und wo hinten ist. An einer Schmalseite der Kajüte – sie war also doch nicht zwei mal zwei Meter – gab es eine Art Armaturenbrett mit farbigen Lämpchen. An dieser Seite war der Sehschlitz auch eine Winzigkeit breiter.

Über den Lämpchen entdeckte ich Symbole, darunter je einen Knopf oder einen Schalter. Da mußte vorn sein. Außerdem sah ich über dem Sehschlitz noch einen kleinen Aufkleber, der meine Vermutung bestätigte. Er zeigte eine Pfanne mit einem Spiegelei, das die Umrisse von Deutschland hatte. Das Eigelb lag im Osten. Darunter eine Schriftzeile: Leipzig – das Gelbe vom Ei!

Glück im Unglück

Eine Reise muß man planen, dann durchführen, und wenn sie zu Ende gegangen ist, war sie von Erfolg gekrönt oder sie war nicht ganz so schön. Man kann auf Schusters Rappen reisen oder auf die dumme Tour. Eines jedoch ist sicher: Reisen bildet.

Reisen bildet vor allem die Erfahrung heraus, was man unterwegs eigentlich braucht, oder besser gesagt: gebraucht hätte. Denn erst, wenn etwas im entscheidenden Augenblick fehlt, weiß man, das hätte man unbedingt mitnehmen müssen. Es kann ein einfaches Taschenmesser sein oder ein Satellitentelefon, ein Stück Papier oder ein Hut, Sonnenschutzcreme oder Moskitokiller.

Auf jeder Reise passieren Mißgeschicke, die man vielleicht hätte vermeiden können. Nur, wenn etwas völlig überraschend eintritt, worauf man absolut nicht vorbereitet war, wie kann man es dann vermeiden? Selbst unangenehme Dinge, vor denen man gewarnt wurde, treten nie in der vorher beschriebenen Situation ein, sondern an einem ganz anderen Ort oder zu einer ganz anderen Zeit oder unter ganz anderen Begleitumständen.

Also hat es eigentlich gar keinen Sinn, sich auf unangenehme, peinliche oder lebensgefährliche Situationen vorzubereiten. Man muß abwarten, bis sie eintreten oder ausbleiben, und dann darauf reagieren. Wobei man sich natürlich auf die Wahl der Mittel, mit denen man auf nicht eintretende Situationen reagieren würde, viel konkreter vorbereiten kann als darauf, wie man reagieren würde, wenn etwas Unvorhergesehenes passiert.

Was auch immer geschieht, man sollte unbedingt das eigene Wohlergehen im Auge haben.

Wirksame Lebenshilfe beim Reisen ist eine mentale Haltung, mit der man selbst in der unangenehmsten Situation noch eine dem Selbstwertgefühl dienliche Weltsicht erreichen kann. Es ist durchaus möglich, Mißgeschicke der übelsten Art umzufunktionieren in »kleine Hindernisse«, »erbauliche Überraschungen«, »ungeheuer interessante weltanschauliche Zugewinne« oder »unwesentliche Einschränkungen des körperlichen Wohlbefindens«. Dazu bedarf es weiter nichts als einer kleinen Prise Optmismus, engelsgleicher Geduld und rambohaften Durchsetzungsvermögens.

Diese jedem Menschen innewohnenden Eigenschaften müssen nur im richtigen Augenblick aktiviert und angewandt werden. Es schadet keineswegs, wenn der Reisende schon einmal zu Hause vergleichbare Situationen als Trainingsgegenstand annimmt. Er, oder sie, wird sich wundern, wie freundlich das tägliche Leben verlaufen kann, wenn es unter dem Gesichtspunkt energiesparenden Resistenzverhaltens gegen böse Überraschungen im Berufs- und sonstigen Leben betrachtet wird.

Einige Beispiele mögen zur Veranschaulichung der oben angedeuteten Vorstellungen dienen: Wenn Ihnen in der Kaufhalle, die Sie selbstverständlich als Supermarkt betreten, wenn Ihnen also in der Kaufhalle eine Flasche Bier zu Boden stürzt und auf demselben zerschellt, so müssen Sie sich nicht übermäßig grämen. Es hätte ja auch eine Flasche teuren Weines sein können.

Glück gehabt! Also dürfen Sie im Bewußtsein des aus dem vorläufigen Verlust entstehenden Gewinns – denn die Flasche Wein hätte ja ein Mehrfaches des Bieres gekostet – zehn Flaschen Bier zusätzlich erwerben. Sie gehen in gehobener Stimmung aus der Kaufhalle, die Sie selbstverständlich als Supermarkt verlassen, und der Rest des Tages wird zu Ihrer vollen Zufriedenheit verlaufen.

Nehmen wir ein anderes Beispiel: Sie haben sich mit einem Freund, oder noch besser mit einer Freundin, in einem Café verabredet. Ein harmonisches Gespräch verschönt den Abend. Ein oder mehrere geistige Getränke offenbaren eine unerwartete geistige Übereinstimmung. Sie schweben mit ihm, oder noch besser mit ihr, auf *einer* Wellenlänge. Ein Abend, der sich ins Gedächtnis brennt wie glühende Zigarettenasche ins Tischtuch.

Am nächsten Morgen wollen Sie, bevor Sie die Wohnung verlassen, Ihre Jacke anziehen. Sie ist nicht da. Sie lassen den letzten Abend noch einmal an sich vorüberziehen – nur erfreuliche Bilder. Und die Jacke blieb einsam am Haken hängen.

Ein Anruf im Café bringt Gewißheit: Die Jacke ziert wohl inzwischen einen anderen freundlichen Menschen. Sie ist verschwunden. Das ist unangenehm, zumal das Kleidungsstück nicht zu den Bagatellausgaben des letzten Monats zählte. Andererseits beweist die Tatsache, daß Sie die Jacke völlig vergessen hatten, als Sie mit dem Herrn, oder der Dame, das Café verließen, zweifelsfrei, daß Ihnen die Zuneigung eines Menschen wichtiger ist als ein Kleidungsstück. Das ist doch ohne Einschränkung positiv zu werten – oder? Außerdem befanden sich in der Jacke weder die Geldbörse mit diversen Kreditkarten noch Zünd- oder Wohnungsschlüssel. Glück gehabt! Sie haben zwar etwas Äußerliches eingebüßt, aber dafür einen Freund, oder was noch besser wäre: eine Freundin, gewonnen. Und was gibt es Schöneres auf Erden!

Nun werden Sie sich fragen, wo denn die Nutzanwendung dieser zugegebenermaßen etwas lang geratenen Präambel für den Reisenden bleibt. Die folgt auf dem Fuße.

Durch Erlebnisse wie die beschriebenen war ich auf unterschiedlichste Situationen während meiner Reisen hervorragend vorbereitet. Ab und an passiert nämlich auch mir ein Mißgeschick. Einmal fiel mir in der Londoner Tube (das ist die U-Bahn), also in der *underground*, eben im Untergrund, meine Jacke, die ich über dem Arm trug – als ich den Koffer, der neben mir stand, aufnehmen wollte –, zwischen Zug und Bahnsteigkante, genau in die berüchtigte Spalte, die *gap*, vor der man per Lautsprecher unablässig gewarnt wird: *Mind the gap!* Bei mir hatte es nichts genützt.

Sie werden möglicherweise vor Mitleid zerfließen. Ein Produkt der europäischen Bekleidungsindustrie, gemeuchelt von den unbarmherzigen Rädern der Londoner U-Bahn! Doch ich war keineswegs erschüttert. Ich setzte den Koffer wieder ab, ließ mich in den Liegestütz fallen, löste den linken Arm vom Boden und fischte die Jacke von den Schienen. Fischte noch einmal.

Ja, ich war jetzt Besitzer von zwei Jacken. Sie hatten zwar beide nur einen Ärmel, waren aber ansonsten tadellos und bis auf die Knopfleiste absolut identisch. Da die ursprüngliche Jacke genau in der Rückenmitte durchtrennt worden war, bestand die Aussicht, falls die Absicht bestand, beide Jacken wieder zu einer zusammenzuführen. Glück gehabt! Ich hätte ja noch in der Jacke drinstecken können, als sie unter die Räder kam. Dann wäre selbst eine akkurate Trennung in der Jackenmitte kein Anlaß zur Freude gewesen.

Aber nun hatte ich etwas über *jeden* Arm zu legen und war froh, daß der Beutel mit der Wein- und der Whiskyflasche, einem Geschenk für meine Freunde, nicht auch in der Spalte verschwunden war.

Der Beutel fiel mir erst aus der Hand, als ich das Haus im Londoner East End betreten hatte und auf den Fahrstuhlknopf drücken wollte. Doch auch diesmal war ich gut vorbereitet. Ich brauchte mich keineswegs über dieses kleine Mißgeschick zu ärgern. Denn erstens war nur eine der beiden Flaschen zerbrochen, die nicht so preisintensive Rotweinflasche, und zweitens übernahm das Aufwischen der Nachbar, der zu jener Zeit eine Alkoholpause machte und so nicht zum Trinken verführt wurde, den Rotweingeruch jedoch als angenehme Abwechslung zum ewigen Karottensaft empfand. Alle Glück gehabt!

Der einzige Wermutstropfen, der in unsere Hochstimmung fiel: meine Freunde – was ich nicht geahnt hatte – tranken keinen Whisky. Und so mußte ich in London jeden Abend Whisky trinken, bis die Flasche leer war … Erstaunlicherweise geht das inzwischen auch in Leipzig.

Wie ich in einen Grizzly kam

Wie sang Freddy Quinn einst so hinreißend: »Kanada, kennst du Kanada? Jetzt in Kanada, das wär schön …« – Ja, schön wär's! Nur man kommt eben nicht so oft hin. Es sei denn, man ist gerade in New York, oder man will von Kamtschatka »andersrum« wieder nach Hause. Dann lohnt sich ein Abstecher nach Kanada.

Als ich mit fünf Reisegefährten ins Land des Ahornsirups und der Bären kam, war gerade ein ausgesprochen schneereicher Winter zu Ende gegangen. Im August! Die Gletscher kalbten, sprudelnde Bäche trübten mit ihren Sedimenten das glasklare Wasser eines Sees, an dessen Ufer sich unser *campground* befand.

Wir waren an unserem ersten Wandertag bei sommerlichen Temperaturen fünf Stunden mit der Zeltausrüstung aufgestiegen, um in der Abenddämmerung festzustellen, daß der Zeltplatz in 2000 Meter Höhe unter 90 Zentimeter Schnee verschwunden war. Weit und breit kein Zelt. Nur zwei Schutzhütten, jede versehen mit einem Schild *Übernachten verboten!*, standen am Ufer. Daneben hing ein Zettel: »Seid gegrüßt Wanderer! Hinter der Picknickhütte könnt Ihr überall zelten. (Die meisten Plätze sind unter dem Schnee. Genießt die Ruhe und die fehlenden Mükken)«.

Mißtrauisch beäugten wir die Spuren im Schnee: Menschenfuß und Bärentatze?

Umkehren konnten wir nicht. Zelten im Schnee war völliges Neuland für uns. Also entschieden wir uns für das Campieren in einer der Schutzhütten. Man kann ja im Leben nicht jedes Verbot beachten …

Bei der Suche nach Wasserleitung und Toilette stieß ich auf ein solide gebautes Plumpsklo, dessen Tür herausgerissen war. Sie lag zwanzig Meter weg vom stillen Örtchen. Als ich mich gerade niederlassen wollte, ging ein Mensch vorüber, ohne mich zu bemerken. Ich lief ihm nach und fragte, ob es hier Bären gäbe. »Hast du die Spuren nicht gesehen?« entgegnete er lakonisch.

»Und – was kann man da machen?« wollte ich wissen.

»Pfeffer auf die Spur, das mögen Bären nicht.«

»Und warum nicht?«

»Da müssen sie niesen. Sie verlieren das Gleichgewicht und die Spur. Rutschen aus, verstauchen sich den Knöchel. Na dann, viel Spaß!« Schon war er verschwunden.

Das waren schöne Aussichten. Ich hatte eigentlich nicht vor, meine erste Nacht in kanadischen Wäldern mit einem Bären zu verbringen. Aber vielleicht hatte der nette Mensch mir nur einen solchen aufgebunden.

Unsere Bleibe für die Nacht war spartanisch möbliert mit drei langen Tischen und Bänken. Zum See hin drei große Glasscheiben, von denen eine zur Hälfte durch eine Plastikfolie ersetzt war. Die Hütte stand auf Pfählen. Zwischen den Dielenbrettern konnte man fast die Hand hindurchstecken. Ist eine Bärentatze schmaler? Man weiß eben zu wenig!

Die Tür war mit einem hölzernen Riegel zu verschließen. Als ich daran rüttelte, fiel er heraus. Ich hatte allerdings noch nie gehört, daß Bären an der Tür rütteln.

Beim Abendbrot scherzten wir über Bären und deren schwache Sehkraft und meinten, wir besäßen demgegenüber ja auch eine immense Kraft: Die Fliehkraft!

In der Hoffnung, diese nicht nutzen zu müssen, rollte ich mich in den Schlafsack. Es war bitterkalt. Ich hatte übrigens einen nigelnagelneuen Schlafsack, dessen Marke, die auch irgend etwas mit Kanada zu tun hatte, mir aber entfallen war.

Die Lebensmittel, das lernt man in diesen Gefilden als erstes, mußten wir an einem Stahlseil in drei Meter Höhe anbinden. Dort waren sie sicher. Wenn der Bär nicht zufällig mal als Seiltänzer gearbeitet hatte.

Die Anstrengung des Tages – Aufstieg mit 40-Kilo-Rucksack – ließ uns schnell einschlafen. Bald erfüllten die regelmäßigen Atemzüge von fünf Sächsinnen und Sachsen die Schutzhütte in British Columbia. Und ich als sechster wollte mich gerade dem Schlaf ergeben, da hörte ich vom See ein Geräusch: Ein großer Körper, der aufs Wasser schlug, anhaltendes Prusten und viele kleine Wellen, die ans Ufer plätscherten. Dann die gleichen Geräusche noch einmal, nur etwas schwächer. Völlig klar: Eine Bärenmutter, die mit ihren Jungen den See durchschwamm und gleich vor unserer Hütte stehen mußte. Vielleicht hätten wir doch im Dunkeln den Abstieg wagen sollen?

Während der Gedanke noch in meinem Kopf waberte, fiel mir ein, was die Leute unten im Tal gesagt hatten: »Falls Sie auf einen Bären treffen, müssen Sie unbedingt feststellen, ob es ein Braunbär oder ein Grizzly ist. Den Grizzly erkennt man an den längeren Krallen.«

»Da muß man aber sehr nah rangehen! Also lieber wegrennen, auf einen Baum klettern oder sich in den See stürzen.«

»Völlig falsch! Der Bär läuft schneller als Sie, klettert besser als Sie und schwimmt schneller als Sie. Wenn das Tier vor Ihnen steht, schlagen Sie mit einem Löffel an ein Alu-Kochgeschirr. Ein Braunbär flieht. Bleibt er stehen, ist es ein Grizzly. Dann müssen Sie sich mit dem Gesicht nach unten auf den Boden legen. Auf keinen Fall dem Bären in die Augen blicken! Totstellen! Eine große Buttercremetorte hilft, den Bären zu besänftigen ... Am sichersten gehen Sie, wenn Sie in der linken Hand eine Torte, in der rechten ein Kochgeschirr mit Löffel haben und, ohne den Bären anzuschauen, ganz langsam auf einen hohen Baum klettern. Sollte der Bär Ihnen folgen, dann war es doch ein Braunbär ...«

Langsam breitete sich von den Füßen her eisige Kälte im Schlafsack aus. Ich erstarrte. Keinen Finger konnte ich mehr rühren. Selbst das Kommando *Rührt Euch!* hätte bei mir jetzt nichts ausrichten können. Aber ich war hellwach. So muß es sein, wenn man scheintot ist! Ich hörte, wie die Bären das Seeufer erklommen, sich schüttelten, daß das Wasser nach allen Seiten spritzte. Dann war Stille. Ich versuchte mich zu bewegen. Keine Chance! Ich lag, als wäre ich zu einem Eisblock gefroren.

Geraume Zeit verging. Da! Ein Geräusch! Kratzen auf Holz. Ein Grizzly an der Tür? Das Herz schlug mir bis zum Halse, drohte den Schlafsack zu sprengen. Das Kratzen kam näher. War unter den Dielenbrettern, zwischen denen eine Bärentatze wohl hindurchlangen mochte? Ein Schnobern, ein Schniefen. Eine feuchte, kalte Bärenschnauze in meiner Kniekehle? Ich riß die

Augen auf. Mir war schwarz vor Augen. – Ach so, die Kerzen waren ja heruntergebrannt! Dunkelheit, die sich wie ein Ring um die Brust legte.

Jetzt raschelte es. Das Geräusch kam aus der Mitte des Raumes! Nur die Nerven nicht verlieren! Das Rascheln kam näher. Es war direkt über mir. Ich glaubte den faulen Atem des Grizzlys zu spüren. Dann über meinem Kopf ein Blitz! Ich sprang im geschlossenen Schlafsack auf die Füße. Stille. Lachen. Ich stand wie ein überdimensionales verpupptes Insekt mitten im Raum. Über mir, am Netz mit den Lebensmitteln, turnte eine Maus im Lichtkegel meiner Taschenlampe.

Ich berichtete meinen Reisegefährten, was ich gehört hatte, und mußte mich überzeugen lassen, daß ich ein lebhafter Träumer wäre. – Wir haben auf unserer Reise noch oft über meine immense Vorstellungskraft gelacht und uns darüber amüsiert, wie ich insektenpuppengleich aus meinem Schlafsack der Marke »Grizzly« gestarrt hatte. So war ich also in einen Grizzly gekommen ...

Bis heute habe ich mit keiner Menschenseele darüber gesprochen, daß ich am nächsten Morgen vor unserer Hütte im Schnee die Spur eines ausgewachsenen Grizzlys und zweier Jungbären entdeckte.

Sind die Österreicher weicher?

Oft besungen wird das schöne Wien, mit der blauen Donau, dem Prater und dem Stephansdom. Es ist bekannt für seine Cafés und Weinstuben wie für seine Oper und das Burgtheater. Wien ist ein Synonym für Kultur, Lebensart und Großzügigkeit. Wien ist weniger bekannt für seine rote Vergangenheit, und seine braune. Die Österreicher sprechen nicht gern über Vergangenes. Fragen danach werden meist mit Sätzen beantwortet, die mit »ah gehen's ...« beginnen. Das heißt: Ach, hören Sie doch auf mit dieser leidigen Politik ...

Der Dialekt »schlampert« in Sinuskurven daher. Jede ernsthafte Aussage klingt so, als wolle sich der Sprecher gleichzeitig dafür entschuldigen. Die »Weaner« sind eben Dialektiker. Das Sowohl-Als-auch ist ihre Spezialstrecke. Meist wird genuschelt, daß man ohnehin nur die Hälfte versteht. Der Schauspieler Hans Moser hat diese Sprachmacke kultiviert, und der Wiener Chansonnier Georg Kreissler findet: »Ein bißchen Falschheit ist immer dabei ...«

Zum Ausgleich kann man in Wien sehr gut essen – oder besser: speisen. Vom Tafelspitz bis zur Sachertorte, ganz zu schweigen von den Mehlspeisen und deftigen Beigaben im Heurigen-Lokal, wird der Körper traktiert mit wohlschmeckenden, aber meist sehr ungesunden Gerichten. Und doch sind alle Wiener, die ich kenne, schlank – sogar die Würstchen.

Was uns Sachsen mit den Österreichern verbindet, ist nicht nur das sächsische Osterland, sondern auch die Tatsache, daß in beiden Ländern deutsch gesprochen wird, die Menschen aber keine Preußen sind.

Natürlich gibt es neben Verständigungsschwierigkeiten auch Bedeutungsunterschiede, die man kennen muß; die Kenntnis der deutschen Sprache allein reicht zur Verständigung mit dem Österreicher nicht aus. Denn woher soll einer wissen, was »Verlassenschaften« sind. Es sind keine Dinge, die jemand liegen ließ, also Fundstücke, sondern Dinge, die zurückbleiben, wenn jemand die Welt verläßt, ein Nachlaß.

Daß eine »Baan« ein dürres Weib, ein »Bantli« ein dicker Mann und ein »Bauxerl« ein kleines Kind ist, war mir neu, ebenso, daß die Kartoffel »Bramburi« heißt, weil sie einst aus Brandenburg nach Wien kam.

Andererseits hörte ich in Wien Ausdrücke, die ich als Sachse verstehe, die den Deutschen aber Schwierigkeiten bereiten könnten: »Hader« als alter Lappen, »Dachtel« als Ohrfeige, »Schickse« für ein dümmliches, aufgetakeltes Mädchen, »Glumpert« für Glumpatsch, also wertloses Zeug. Und wenn meine Großmutter zu mir sagte: »Nu sei doch nich so kommode!«, dann hätte ein Wiener sofort gewußt, daß ich nicht so bequem sein sollte. Vielleicht kennt man in Wien auch die Redewendung meiner Großmutter: »Das geht auf keinen Pappenstiel!«, denn Pappenstiel ist in Österreich der Eßlöffel. Wir würden in Deutschland dazu sagen: »Das geht auf kein Kuhhaut!« oder »Jetzt reicht's!«

Ein verschlafener Ort heißt in Österreich nicht »Krähwinkel« sondern »Gigritzpotschen«. Und ein »Scheißtag« ist kein Tag, an dem einem alles schiefgeht, sondern es handelt sich um den 29. Dezember, an dem die bäuerlichen Dienstboten in der Steiermark das nacharbeiten mußten, was sie im Laufe des Jahres durch das Verrichten der Notdurft versäumt hatten!

Sollte Ihnen jemand in Wien einen Sessel anbieten, dann schauen Sie sich nicht lange um, wenn keiner im Raum ist. Sie setzen sich einfach auf einen Stuhl, denn der war gemeint! Und wenn Sie jemand bittet, zu schauen, wo der Coloniakübel ist, dann suchen Sie nicht nach einem Werbegeschenk der Versicherung, sondern nach der Mülltonne!

Im »Stadtbeisl«, einer Traditionsgaststätte in Wien I, las ich:

Gab dein Weybel dir den Weysel,
komm zu uns in unser Beysel.
Gab sie dir den Weysel nit,
komm zu uns und bring sie mit!

In deutsch:
Weist dein Weib dir streng die Tür,
komm in unser Wirtshaus hier.
Schmeißt sie dich nicht raus per Tritt,
komm auch zu uns und bring sie mit!

VII Ins ewige Eis

Nachdem ich das Floß inspiziert hatte, schlenderte ich zum Haus der Abenteuer-Touren zurück. Joan Keema und John Franklin tranken Tee.

»Komm, trink eine Tasse mit!« rief John, als ich das Büro betrat. Ich setzte mich und schaute mich um.

»Suchst du etwas?« fragte Joan.

»Die Rumflasche.« Ich grinste.

»Bei uns wirst du keinen Alkohol finden«, konterte John. »Obwohl wir keine ›verbotene Zone‹ sind«, ergänzte Joan.

Ich erinnerte mich, vor meiner Reise hierher belehrt worden zu sein, daß es auf Baffin Island »verbotene, beschränkte und freie Zonen« gab, was den Ausschank von Alkohol betraf. Reist man im Süden der Insel, in Lake Harbour, ein, so findet man im Umkreis von zwanzig Kilometern Alkohol nur als Brennstoff für Kocher, sonst ist »Ebbe«. Diese hat übrigens eine ganz besondere Bedeutung: Zwischen Ebbe und Flut liegen 28 Meter – Weltrekord!

Ich entschuldigte mich wegen des blöden Scherzes mit der Rumflasche und fragte John, ob ich mit dem Floß eine Probefahrt machen dürfe.

»Es ist dein Floß«, brummte er.

»Und wie soll ich das Floß bewegen?«

»Anschieben und aufspringen!« John lachte. »Du mußt das Segel hissen und auf Sturm warten.« Er grinste über das ganze Gesicht.

Eigentlich wollte ich John ein paar von den Fragen stellen, die in meinem Kopf Schlange standen, aber er war schon aufgesprungen und winkte mir, ihm zu folgen.

Nach wenigen Minuten kamen wir an ein blau gestrichenes Holzhaus. Dahinter lagen zehn Schlittenhunde unterschiedlicher Färbung. Vom fast weißen »Husky« mit pechschwarzem Gesicht bis zum schwarzbraunen »Wolf« waren alle Schattierungen vertreten. Sobald die Hunde John sahen, sprangen sie auf und zerrten an ihren Ketten. John knurrte einen mir unverständlichen Befehl, und die Tiere beruhigten sich. Sie legten sich aber nicht wieder hin, sondern standen hechelnd in einem Pulk. John hakte die Hunde an Leinen, die strahlenförmig in einem Zugstrang zusammenliefen. Dann zog er die Hundemeute mit aller Kraft rückwärts bis hinter das Nachbarhaus. Dort stand mein Floß.

Er hakte den Zugstrang durch einen Metallring, der vorn am Floß angebracht war, und winkte mich heran. »Spring auf!« konnte er gerade noch rufen, dann gab es einen Ruck, und ich fiel auf den Rücken. Ich krallte mich an John fest. Die Kufen knirschten über den eisblauen Schnee, die Hunde gebärdeten sich wie toll. Sie stemmten sich in den Boden und ließen die Leinen sirren wie Harfensaiten.

»Wir machen nur eine kleine Runde Richtung Iqaluit, ›dem Platz, wo es Fische gibt‹, und hinunter zur Frobisher Bucht!« rief John.

Die Bucht hatte jener englische Seefahrer schon 1576 entdeckt. Er meinte allerdings, die sagenhafte Nordwestpassage gefunden zu haben und in Asien gelandet zu sein. Das blieb nicht seine einzige Enttäuschung. Auch das von hier nach Europa verschiffte Pyritgestein, das angeblich goldhaltig sein sollte, entpuppte sich als Flop.

Aber man kann im Leben eben nicht alles haben. Ich hatte zum Beispiel keine den arktischen Wetterbedingungen entsprechende Kleidung und fror jämmerlich. Trotzdem war mir warm ums Herz, denn ich erlebte im Augenblick, daß mein Kindertraum wahr wurde: Das Floß knirschte artig übers arktische Eis!

Im Börsenfieber

Der Arzt hat mir Ruhe, frische Luft und keine Aufregung verordnet. Der hat gut reden. Mein Puls flattert. Ich sitze stundenlang vor dem PC, und die Börsennotierungen hämmern auf mich ein.

Ja, mich hat es erwischt. Ich habe das Börsenfieber. Da helfen keine Impfungen. Noch im Traum kämpfe ich mit Dow, Dax und Euro-Stoxx.

Ich habe mir vor zwei Jahren einige kleine Aktienpakete gekauft. Wenn mir das vor fünfzehn Jahren jemand prophezeit hätte, ich hätte mich totgelacht. Also bin ich froh, daß niemand auf die Idee kam.

Zuerst war ich wahnsinnig aufgeregt, wie sich die Aktien entwickeln würden. Täglich las ich: *Dax tendiert uneinheitlich. Markt sehr volatil. Dax wegen Technologiewerten tiefer. Dreifacher Hexentag droht. Börsianer und Analysten im Clinch.*

Aha, dachte ich, so ist das also. Aber im Grunde genommen verstand ich Bahnhof.

Dann rief mich meine Bank an und sagte mir, daß ich unheimliche Gewinne gemacht habe und entscheiden müsse, was damit geschehen solle. Ich konnte nächtelang nicht schlafen. Sollte ich *den Gewinn abschöpfen* oder neu anlegen oder in den *Neuen Markt* einsteigen?

Ich war ja richtig froh, daß ich keine von den superschnellen Aufsteigeraktien gekauft hatte, deren Wert sich innerhalb einer Stunde verdoppelte. Das heißt, ich hätte in einer Stunde so viel verdienen können wie mein Schwager in seinem Betrieb im ganzen Jahr! – Da wundert man sich, daß in unserer Republik immer noch Leute arbeiten gehen.

Ja, was sollte ich nun mit dem Gewinn machen? Ich kaufte mich bei der Lufthansa ein. Da gab es einen *Recruiting-Event* mit jeder Menge *Fun and Party*, wie zum Beispiel *Get Together*, *Surprise Dinner* und *Outdoor Adventure* mit Preisverleihung.

Und Sie werden es nicht glauben: Ich habe wieder gewonnen!

Aufgeregt hat micht das nicht. So etwas kann mir heute nicht mehr passieren. Inzwischen bin ich cool. Keine Spur mehr von Börsenfieber. Ich habe alles im Griff. Die Verluste der letzten fünfzehn Monate habe ich eiskalt weggesteckt. Wie sagte doch der große alte Mann der Börse – nein, nicht Altkanzler Kohl, sondern Herr Kostolany: »Heute Aktien kaufen und den Wecker auf in zwanzig Jahren stellen.« Gut, den Wecker habe ich gestellt, nun darf ich nur nicht verschlafen!

Neulich ist meine Lebensversicherung fällig geworden, eine hübsche Summe. Da ich mich ja nun gegen das Leben nicht mehr versichern muß – und eine Todesversicherung habe ich nicht –, habe ich das ganze Geld angelegt. Wollen Sie wissen wo? Geheimtip! Bleibt aber unter uns: Private Equity! Fragen Sie mich nicht, was das ist – aber es gibt 13 Prozent.

Sachsen sind als äußerst gemütvoll und absolut nicht kriegerisch bekannt. Im Krieg zwischen Österreich und Preußen soll König Johann seine Sachsen sogar nach Böhmen »entführt« haben, um eine Schlacht zu vermeiden.

Das war aber nicht immer so. Nachdem die ursprünglich an der Nordseeküste lebenden Sachsen mit Angeln und Jüten im 5. und 6. Jahrhundert nach Britannien übergesetzt waren, zogen sie nach Norden und Westen und vertrieben die dort ansässigen keltischen Stämme. Die Grafschaften Essex, Wessex und Sussex im Süden Englands sind die Gegenden, wo die Ost-, West- und Südsachsen siedelten.

Wenn man von Liverpool nach Norden immer an der Küste entlangfährt, gelangt man über Blackpool und Morecamb zur Mündung des kleinen Flusses Kent – nicht zu verwechseln mit der gleichnamigen Grafschaft im Süden der Insel. Die Fahrt ist reizvoll abwechslungsreich: links das Meer und rechts das Land. Brücken verschiedener Größe überspannen kleine und größere Flüsse, die alle ins Meer münden, also alle – grob gesagt – von rechts nach links fließen.

Irgendwann steht man in dem kleinen Ort Arnside an dem schon erwähnten Flusse Kent. Es regnet in Strömen, und man sucht eine Brücke über die etwa einen Kilometer breite Bucht, um nach Grange-over-Sands zu gelangen. Und schon taucht die Brücke zwischen den Regenböen auf. Doch da hat sich der Reisende zu früh gefreut. Die Brücke ist nur für Schienenfahrzeuge zugelassen, eben eine ganz normale Eisenbahnbrücke.

Natürlich findet sich auch eine Brücke zum Begehen und Befahren, aber bis dahin muß man zehn Kilometer nach Norden, um dann mindestens zwanzig Kilometer nach Süden zurückzufahren.

Doch der Umweg hat sich gelohnt. Grange-over-Sands ist ein kleiner verträumter Ort, und man blickt tatsächlich auf eine große Schwemmsandzunge hinab, die der Kent vom Gipfel eines fast siebenhundert Meter hohen Berges über knapp fünfzig Kilometer herabschwemmt. Außerdem gibt es in diesem Ort die mildesten Frühlingstemperaturen des gesamten englischen Nordens. Die halten sich auch wirklich bis Ende Juli, das kann ich bestätigen.

Zum größten See Englands, dem Windermere Lake, kann man von dem Ort aus wandern. Es sind nur zehn Kilometer bis in jene Gegend, die den englischen Dichter Wordsworth zu seinem berühmten Gedicht *Die Osterglocken* inspirierte. Als ich dort ankam, waren sie leider schon verblüht. Aber die Wanderungen im »Lake District«, der englischen Seenplatte, waren Entschädigung genug. Die kleinen Dörfer sind noch nicht alle vom Tourismus beschädigt. Man darf nur nicht erschrecken, wenn man zum Beispiel in einer verfallenen Mühle herumklettert und plötzlich in eine japanische Videokamera blickt.

In einem dieser Dörfer erstanden meine Frau und ich die Lindenholzfigur eines passionierten Lesers, die uns an »Mr. Pickwick« von Dickens erinnerte. Und ich fand unter einem Stapel alter Bücher zwei ziemlich große Postkartenalben mit Jugendstileinbänden. Die *mußte* ich haben. Meine Frau warnte mich. Immerhin lagen noch fünfzehn Kilometer auf dem »Cumbria Coastal Way«, dem Uferwanderweg von Cumbria, vor uns.

Ich schlug die Warnung in den Wind und kaufte die Alben. Sie waren allerdings für unseren kleinen Stadtrucksack etwas zu groß. So trug ich die Plastiktüte fortan in der Hand. Alle zehn Schritte mußte ich wechseln, da die schmale Lasche tief in die Finger einschnitt. Doch ich murrte nicht. Ich war tapfer. Wir schlenderten zur Bushaltestelle. Der letzte Bus war eben abgefahren. Das war nicht schlimm. Am Ufer der Morecambe-Bucht zu wandern war ja auch viel angenehmer, als in einem stickigen Bus zu sitzen. Der Wanderweg war ausgezeichnet und außerdem sogar ausgezeichnet: ein roter Balken in einem gelben Kreis.

Nach einer Stunde erreichten wir einen kleinen Gasthof, den »Steam Engine Pub«. Der hieß nicht so, weil die Kellnerinnen unter Dampf stehen, sondern weil James Watt hier seine erste Dampfmaschine gebaut hatte.

Nun lagen nur noch zehn Kilometer frohen Wanderns vor uns.

Meinte ich. Es war kurz nach vier Uhr, und die Sonne schien an diesem Tag – nach all dem Regen der letzten Zeit – ihre geballte Kraft auf uns zu konzentrieren.

Wir folgten dem ausgezeichneten Weg, der sich nun durch eine Art Küstensumpf wand. Ich erinnerte mich, im Hotel eine Warnung gelesen zu haben, daß die Flut hier gegen fünf Uhr einsetze und das Wasser der Bucht bis zu zwei Metern ansteigen lasse.

Noch war es ja nicht fünf Uhr. Und das Meer zu unserer Rechten war kaum zu sehen. Also pilgerten wir weiter. Allerdings vermißten wir seit einiger Zeit die Markierung des Wanderweges. Links von uns lief ein tiefer und breiter Wassergraben, rechts lag der Sumpf. Aber dafür schien ja die Sonne.

Ich schaute immer häufiger auf die Landkarte, auf der unser Wanderweg leider nicht mehr verzeichnet war. Es war inzwischen nach fünf Uhr. Von der Flut war glücklicherweise noch nichts zu sehen.

Unsere Wanderung endete an einem verschlossenen Tor mit einem Schild, auf dem ein Stier mit spitzen Hörnern abgebildet war. Darunter in fetter Schrift: Vorsicht wilde Bullen! Daneben stand von Hand geschrieben: Ich warte auf dich!

Das hatte uns gerade noch gefehlt. Wir konnten nicht warten. Der Zaun, der die Weide umgrenzte, lief quer durch den Sumpf, so weit das Auge reichte. Hinter dem Tor hingegen hätten wir unseren Weg nach Westen fortsetzen können. Es gab keine Wahl. Wir kletterten über den Zaun, wobei die Plastiktüte mit den Postkartenalben am Stacheldraht hängenblieb. Das war nicht angenehm, aber auf jeden Fall besser, als wäre ich hängengeblieben. Ich riß die Tüte herunter.

Mit einem mulmigen Gefühl im Magen setzten wir die Wanderung fort. Eine Herde Kühe weidete rechts, der Wassergraben war links. Eigentlich hätten die Bauern den Wanderweg nicht sperren dürfen, denn in England gilt seit alters her das »Right of Way«, das Wegerecht. Danach müssen Wanderwege, die über Privatland führen, für Wanderer begehbar bleiben. Das heißt, Tore dürfen nicht verschlossen werden oder ein sogenannter Schaftritt muß über den Zaun oder die Begrenzungsmauer von Grundstükken führen. Manchmal gibt es auch ein »kissing gate«, eine Pendeltür.

Als wir an der friedlich weidenden Herde vorübergingen, hoben plötzlich – wie auf ein unhörbares Kommando – einige Tiere den Kopf. Sie drehten ihren hornbewehrten Schädel in unsere Richtung und starrten uns verwundert an. Ganz sicher war hier noch nie jemand aus dem Leipziger Poetenweg vorübergekommen. Ich nickte freundlich zurück. Daraufhin grasten sie zufrieden weiter. Uns fiel ein Stein vom Herzen.

Munter schritten wir der langsam untergehenden Sonne entgegen. Nach ein paar Minuten hörten wir hinter uns Tritte. Aha, noch ein Wanderer auf dem Küstenweg. Ich drehte mich um und blieb wie angewurzelt stehen. Eine riesige Kuh trottete hinter uns her. Wir erhöhten ganz unauffällig unsere Schrittfrequenz. Auch das Wesen hinter uns wechselte in einen Trab. Der Weg bebte. Ich schielte verstohlen nach hinten. Und was mußte ich erblikken? – Die Kuh hatte kein Euter. Sie war ein Bulle.

Nun hörten wir das Schnaufen unmittelbar hinter uns. Wir fielen in einen Dauerlauf. Stoßweise erreichte uns der Atem des sportlichen Bullen.

Ich überlegte, ob ich ihm die Postkartenalben zur Ansicht vorwerfen sollte. Vielleicht interessierte er sich ja für die georgianische Architektur in Bath oder das Shakespeare-Haus in Stratford-on-Avon. Von unserer gestrigen Busfahrt hatte ich auch noch eine Fahrkarte einstecken. Sie war rot. Vielleicht sollte ich dem Bullen einfach die rote Karte zeigen. Während ich noch überlegte, erblickte ich vor uns eine Mauer. Die Mauer raste auf uns zu. Der Bulle raste hinter uns her.

Zum Überklettern der Mauer blieb keine Zeit. Da – in letzter Minute entdeckten wir eine schmale Lücke – ein »squeezing gate«, eine Quetschtür. Sie war so schmal, daß ein normal gebauter Mitteleuropäer gerade so durchkommen konnte. Aber was war mit mir? In diesem Augenblick begriff ich in vollem Umfang, was der Arzt gemeint hatte, als er mir sagte, Übergewicht könne lebensgefährlich sein.

»Du zuerst!« schrie ich meiner Frau in vollem Lauf zu.

»Nein, du zuerst!« schrie sie zurück.

»Willst du, daß wir beide aufgespießt werden? Ich hab doch eine Lebensversich …!«

In diesem Moment gab es einen Knall. Der Bulle krachte mit den Hörnern gegen die Mauer. Meine Frau war durch die »Quetschtür« geschlüpft und zu Boden gestürzt. Und ich steckte im Mauerwerk fest. Der Arm mit der Postkartenalben-Plastiktüte ragte noch auf der Bullenseite heraus. Das völlig benommene Tier nahm einen zweiten Anlauf und bohrte ein Horn durch den grünen Punkt auf der Tüte. Und da sagt man, diese Tiere gehen nur auf Rot.

Politik ist keine Kunst

Diesen Satz wird niemand bezweifeln. Denn die Kunst bedarf der Intuition, lebt von Ideen. Die Vorstellung von der Welt wird durch die Persönlichkeit des Künstlers gebrochen. Wäre Politik eine Kunst, hätten wir es bei Politikern mit Persönlichkeiten zu tun, die eine Vorstellung von der Welt haben und sich diese Welt nach eigenem Gusto neu erschaffen. Die gedachte Welt ersetzt die sichtbare ...

Die Malerei lebt von der Linie und der Farbe. Je mehr es an Linie fehlt, desto mehr Farbe wird aufgetragen. Hier könnte es Berührungspunkte zwischen Kunst und Politik geben. Ja, wieso eigentlich nicht? Schließlich haben bedeutende Künstler führende Politiker »abkonterfeit«, von Kokoschka bis Bernhard Heisig. Wobei die Künstler den Politiker durchaus anders sehen können, als er sich selbst sieht. Weizsäckers Gesicht versteinerte, als er sein Porträt betrachtete. Und so kam er dem Abbild doch noch nahe.

Der Politiker wird wie der Künstler zum Gestalter eines Inhalts. Bei beiden geschieht es immer wieder, daß der Konsument das Produkt vor lauter Gestaltungswillen nicht verdauen kann. Es liegt ihm wie ein Stein im Magen.

Eine beliebte Methode, um die Verdaulichkeit eines Produkts zu befördern, ist die Verpackung. Wobei man bei Christo immer weiß, was unter der Verpackung steckt. Beim Politiker kann man dagegen mit bösen Überraschungen konfrontiert werden, wenn draußen etwas draufsteht, was gar nicht drin ist. Politik ist eben keine Kunst.

Mitunter nähert sich der Politiker dem Künstler: beim Ausmalen.

Besonderer Beliebtheit erfreut sich die Landschaftsmalerei, die in der römischen Kaiserzeit ihren Anfang nahm. Damals blühte nicht nur das Geschäft mit den Blumen, sondern mit ganzen Landschaften. Oder wie es der Volksmund formulierte: Wo Landschaften blühn, da blüht auch den Bewohnern derselben etwas. Norbert Blüm hätte davon ein Lied singen können, was er als kulturvoller Mensch dankenswerterweise unterlassen hat.

Die Kunst gilt als spezieller Teil der Kultur eines Volkes. Sie spiegelt letzten Endes Wesen und Grenzen derselben wider – von der Kunst der Maya bis zur Designerkunst. Die Kunst der Politiker ist es nun, die Politik in die Kultur zu integrieren. Oder umgekehrt? Sie versuchen das jedenfalls mit der sogenannten Kulturpolitik. Das ist ein Kunststück. Denn die Künstler haben ganz andere Vorstellungen von den Prioritäten bei kulturellen Prozessen als die Politiker. Außerdem tun sich die Politiker schwer mit dem Zusammenhang von Kulturpolitik und politischer Kultur. Politik ist nicht gleich Kultur.

»Alle Kultur geht vom Volke aus.« – Schön. Was ausgeht, brennt nicht mehr. Es tut keinem weh.

Sollten manche Menschen trotzdem nicht auf Kultur verzichten wollen, dann betrifft es eine Minderheit. Minderheiten haben keinen Einfluß auf die Politik. Mehrheiten finden, und Mehrheiten überzeugen vom eigenen Konzept. Ist das Kunst?

»Wir versprechen dem Wähler nichts, was er nicht halten kann!« Vorsicht! Das klingt nach Satire. Ein Mittel der Kunst, das der Politiker ablehnt. Es lebt von der Übertreibung. Der Satiriker überhöht die Wirklichkeit und freut sich diebisch, wenn es bemerkt wird. Der Politiker hingegen lebt von der Realsatire. Da gibt es nichts mehr zu übertreiben. Und er hofft, daß es nicht bemerkt wird. Denn sonst würde man ja über ihn lachen. Was wiederum nur bei Übertreibungen zulässig ist. Der Politiker kann sich nicht mehr steigern. Denn einen Schröderer als Bundeskanzler, einen Fischerer als Außenminister und einen Scharpinger als Verteidigungsminister – wer möchte denen vertrauen?

Neben der überall präsenten politischen Kultur in unserem Lande nimmt auch die kulturelle Kultur einen wichtigen Platz ein. Im Fernsehen gibt es einen Kulturkanal. Ein ganzer Kanal voller Kultur! Wir haben sozusagen den Kanal voll – kulturell gesehen. Und was verbindet dieser Kanal? Oder wen? Wir wissen es nicht.

Nur eines wissen wir: Kultur ist ein Bedürfnis. Kunst ist ein Vergnügen. Politik ist keine Kunst.

»*Ideal und Intensiwirklichkeit*«

Die Jahre nach dem Bau des »Antifaschistischen Schutzwalls« waren gekennzeichnet vom »Bitterfelder Weg«. Dieser Weg, den die allwissende Partei den Künstlern wies, führte heraus aus dem Elfenbeinturm und hinaus zu den Werktätigen, den Genossenschaftsbauern und Chemiearbeitern. Deren Probleme sollten gestaltet werden. Offenbar wunderte sich niemand in der Parteiführung darüber, daß gerade Bitterfeld mit seinen ätzenden Chemiedämpfen das Ziel der Literaten sein sollte. Es wurde für manchen Künstler ein bitterer Feldweg.

Und am Rande dieses Weges blühte ein unscheinbares Blümchen: die Satire – in ihrer spezifischen DDR-Art als positive Satire. Aber schon dräute die Frage: Wie negativ darf positive Satire sein?

Die literarische Gattung, die wie keine andere ihren Gegenstand durch Übertreibung so wunderbar vernichten kann, durfte das im Osten Deutschlands keinesfalls. Sie durfte höchstens ein bißchen »vernichteln«. So war es nur logisch, daß das Programm der Leipziger *Pfeffermühle* »Woll'n wir doch mal ehrlich sein« 1964 verboten wurde.

Für die mehr als zwanzig Amateurkabaretts, die es in den sechziger Jahren nach der Inhaftierung der Akteure des Studentenkabaretts *Rat der Spötter* gab, war die *Pfeffermühle* das große Vorbild. Aber nur zwei von diesen zwanzig gelang der Sprung auf die Bretter am Thomaskirchhof: den *academixern* und den *academixern*.

Nein, das ist kein Druckfehler. Es handelte sich einmal um das Kabarett des Leipziger Dolmetscherinstituts, dessen Erbe die später bekannt gewordenen *academixer* 1966 antraten, nachdem die Sprachmittler »auf Grund verschiedener Schwierigkeiten« ihr zweites Programm nicht aufführen durften. Eine offizielle Auflösung des Kabaretts wurde von der Partei nicht für klug gehalten. Also: Neuer Wein im alten Schlauch!

Jürgen Hart, Lehrerstudent für Deutsch und Musik, der schon zwei Texte für die alten *academixer* geschrieben hatte, wurde vom

Kulturzentrum der Universität gefragt, ob er aus Mitgliedern der Studentenbühne und deren Umfeld ein Ensemble zusammenstellen könne, um das dahinsiechende Studentenkabarett gleichen Namens wieder zu neuem Leben zu erwecken. Gefragt, getan.

Dreißig Jahre später schildern die *academixer* diesen Vorgang in ihrem Jubiläumsprogramm »Oh alter Männer Herrlichkeit«.

Jürgen Hart: Für mich hat alles angefangen vor dem Schaufenster der Buchhandlung Goedecke im Peterssteinweg – gibt's nicht mehr. Dort traf mich der Genosse Schorsch Perlbach, gibt's auch nicht mehr. Der Genosse Schorsch Perlbach war Leiter des Kulturzentrums der Uni, und seine Spezialstrecke war entlarven. Wenn man sich von ihm zwei-, dreimal hat entlarven lassen, kam man ganz gut mit ihm aus. Und der fragte mich, ob ich Lust hätte, ein Kabarett zu übernehmen. Da gäbe es nämlich eins, das – aus welchen Gründen auch immer – eventuell wieder auseinanderlaufen würde. Da ich mich mit den Gründen – wie auch immer – noch nicht so gut auskannte, sagte ich: »Na ja, ich kann das ja mal probieren. Aber«, sagte ich vorsichtshalber, »ich kann nicht dafür garantieren, daß das was wird.« – »Nee«, sagte der Genosse, »ist nicht schlimm, wenn das nichts wird. Aber dann ist wenigstens mal nicht wieder die Leitung dran schuld.«

Christian Becher: Und genau bei diesem Kabarett, das – aus welchen Gründen auch immer – auseinanderzufallen drohte, war ich gelandet, nachdem ich mein eigenes Kabarett an der Handelshochschule, jetzt C&A, aufgegeben hatte. Ich kam aber nie über ein Probenstadium hinaus, denn an einem Karfreitagabend mußten wir säckeweise Asche auf unsere Häupter streuen, ob der politischen Inhalte dieses Programms. Ich schwor mir damals, nie wieder Kabarett zu spielen. Aber irgendwann überredete mich dann doch jemand, bei den neuen *academixern* unter Jürgen Hart mitzumachen ...

Gunter Böhnke: Also bei mir ging es mehr so in Moll los. Ich mußte nämlich im Herbst 1965 nach der »roten Woche« – der marxistischen Vorbereitung der Studenten auf den Einsatz in der sozialistischen Landwirtschaft – zum Kartoffellesen oben irgendwo südlich von Berlin. Unser Acker lag neben einer Abdeckerei. Das hat gestunken – da haben sogar die Ackergäule gekotzt. Und dort fragte mich der Jürgen Hart, ob ich Interesse an Kabarett hätte. Und da hab ich gedacht: Na, schlimmer als hier kann's auch nicht werden.

Bernd-Lutz Lange: Kabarett habe ich zum ersten Mal in meinem Leben im »Dürer« meiner Tante gesehen. Wissen Sie, was ein »Dürer« war? Das war so ein kleiner Schwarz-Weiß-Fernseher in der DDR. Das war die *Lach- und Schießgesellschaft*, hat mir unglaublich gut gefallen. Ich wollte auch gern Kabarett machen. Das war in meiner Heimatstadt Zwickau nicht so einfach. Ich habe in der Schule meine erste Kabarettszene geschrieben, sauscharf, über den polytechnischen Unterricht, wurde nach einmaligem Aufführen sofort verboten. Dann kam ich nach Leipzig, habe überall rumerzählt, daß ich gern Kabarett spielen würde, und lernte dann jemand kennen, der jemand kannte, der jemand kannte. Und das war der Jürgen Hart. Mit dem hab ich mich dann getroffen. Im »Erdener Treppchen« – gibt's nicht mehr. Erkennungszeichen war ein *Filmspiegel* – gibt's auch nicht mehr – aber Kabarett mach ich immer noch!

Katrin Hart: Bei mir war's nicht so einfach. Ich mußte mich bewerben. Und das fand statt in der Kneipe von der Mensa Beyer-Haus, diese herrliche holzgetäfelte Kneipe. Und um mich aus der Schar der Bewerber abzuheben, bin ich auf einen Stuhl gestiegen und habe ein Gedicht über die Emanzipation der Frau vorgetragen. Das ging ungefähr so: Frauen ran, Haare ab, Hosen an, auf die Barrikaden, Feldzug gegen den Mann! – Da haben sie mich genommen!

Ja, so war das, als die *academixer* entstanden – oder so ähnlich. Anfangs gehörten zu den vier Herren zwei Studentinnen der Kulturwissenschaft und der Jurisprudenz: Rosemarie Radtke und

Dorit Zallmann. Am Piano saß Christoph Rueger, Student der Musikwissenschaften und der Sinologie, der später als Professor und Autor zum »Entertainer der klassischen Musik« wurde.

Die »klassischen« *academixer* gab es von 1975 bis 1985 mit Katrin Hart, Gisela Oechelhaeuser und den Herren Becher, Böhnke, Hart und Lange, den Pianisten Rueger und Andreas Peschel sowie dem unermüdlichen Techniker Rüdiger Thiele.

Heute spielen Katrin Hart und Christian Becher noch bei den *academixern*, Jürgen Hart und das Duo Böhnke/Lange mit dem Rainer-Vothel-Trio sind ständige Gäste im Leipziger »academixer-Keller«.

Von 1966 bis 1989 glaubten die *academixer* wie andere Kabarettisten auch, mit Witz und Phantasie den oft tristen Alltag zugunsten des Zukunftsentwurfs einer gerechten Gesellschaft überwinden zu können. Ein wackliges Ideal, das der »Intensiwirklichkeit« nicht standhielt.

Wie sagte doch Karl Valentin schon so treffend: »Mögen hätten wir schon wollen, aber trauen haben wir uns nicht dürfen.«

VIII Raum und Zeit

So, nun hatte ich sie hinter mir: die erste Fahrt mit dem Floß über das ewige Eis. Sie hatte zwar nur eine halbe Stunde gedauert, und die Schlittenhunde hatten sich noch nicht einmal warm gelaufen, aber mir war kalt genug geworden.

Während der Fahrt war es mir sogar gelungen, John zu einer Antwort auf meine Frage nach seinen Deutschkenntnissen zu bewegen. Seine Vorfahren stammten von der Mährischen und von der Herrnhuter Mission ab, die vor allem im 19. Jahrhundert von Labrador bis Grönland bekehrt hatten. Sie schafften es, daß die Eskimos – ein Name, den die Inuit nicht mögen, denn er bedeutet »Rohfleischfresser« – nach und nach ihre traditionelle Lebensweise aufgaben. (Der letzte »Heide« wurde dennoch erst 1922 getauft.)

Der Herrnhuter Samuel Kleinschmidt war es übrigens, der mit seiner *Grammatik der grönländischen Sprache* die Grundlage zur Schriftsprache der Grönländer legte.

Nun war mir auch klar, woher John die blonden Haare und die blauen Augen hatte, obwohl er mir gegenüber betonte, daß er ein Inuk sei, ein Inuk und sonst nichts.

Nachdem wir ins Büro zurückgekommen waren, setzten wir uns zu dritt bei einer Tasse Tee um den Holztisch und begannen mit der wichtigsten Etappe der Fahrt ins ewige Eis: der Planung. Obwohl ich historisch gesehen den Plan als solchen nicht sehr schätzte, mußte ich bald begreifen, wie wichtig dieser Schritt ist, wenn man sich in völlig unbekannte Gefilde begibt.

Befinden sich diese Gefilde im hohen Norden oder im tiefsten Süden, so muß man sich nicht nur etwas wärmer anziehen, man muß sich besonders vor zwei Gefahren schützen: Wind-chill und

Hypothermia. »Wind-chill« bedeutet Windeskälte. Sie kommt in der Arktis oft mit Windeseile und hat den Nachteil, daß sie sich nicht an die vom Thermometer ausgewiesenen Temperaturen hält. Wenn es nur zehn Grad unter null anzeigt, eine Temperatur, die in der Arktis nicht direkt selten vorkommt, dann meint man bei Windgeschwindigkeiten von 30 Stundenkilometern, es herrschten minus 27 Grad Celsius.

Wer bei der Durchquerung eines Baches unglücklicherweise ausrutscht und dann noch 15 Kilometer bei starkem Wind zurückzulegen hat, kann leicht von der Hypothermia gepackt werden, einem akuten körperlichen und geistigen Erschöpfungszustand, der verbunden ist mit übersteigertem Frostempfinden. Das alles erzählte mir Joan Keema, während John meine Liste mit Proviant, Vorräten für Kocher und Hunde und frischen Socken durchging. Ab und zu lachte er, einiges strich er, und ans Ende der Liste fügte er noch etwas hinzu.

Im großen und ganzen hatte ich schon die richtigen Dinge auf die Liste gesetzt: warme Socken und lange Unterhosen, ein Daunenkopfkissen zum Schlafen, einen Kocher mit weißem Benzin, Wanderstöcke, Karte und Kompaß, Schneebrille und Sonnencreme, ein Funkgerät und einen arktischen Feinliner.

Gestrichen hatte John Schnorchel und Taucherbrille, einen »Knirps«-Regenschirm und das Hundefutter. Hinzugefügt hatte er ein Jagdgewehr. (Damit wurde das Hundefutter besorgt.) Zusätzlich zu meinen wind- und wasserdichten Kleidungsstücken schrieb er Rentierstiefel und eine Eisbärenfellhose auf. (Übrigens werden die Sohlen der echten Rentierstiefel noch heute von den Inuit-Frauen weichgekaut. – Natürlich nur bei neuen Stiefeln!)

Wir waren uns einig, daß ich in zwei Monaten wiederkommen würde. Dann könnten wir zur großen Reise ins ewige Eis aufbrechen. Nur brauchte ich noch einen Begleiter. Ich blickte hilfesuchend zu John.

Er nickte. Ich atmete auf. »Vielleicht kommt jemand mit.«

Im März landete ich wieder auf Baffin Island. Der Flugplatz mit dem orange Terminal dient gleichzeitig als Reservelandebahn für amerikanische Raumfähren. Eine solche Landung war aber jetzt zum Glück nicht angesagt, da auch über Cape Canaveral keine Wolke schwebte.

Als wir das Gepäck verstaut hatten, winkte John mich zu sich heran: »So, jetzt wirst du deinen Copiloten kennenlernen.« Wir fuhren zum Büro von Joan Keema. Sie saß mit einem Mann meines Alters am Tisch. Vor ihnen lagen mehrere Landkarten. Der stämmige, untersetzte Mann stand auf, reichte mir die Hand und sagte mit einer hellen, jugendlichen Stimme: »John, John Richardson.«

Ich stutzte. Dr. John Richardson war der Begleiter von John Franklin gewesen, auf der Arktisreise 1819 bis 1822. Aber warum sollte es in Reisegruppen nicht gleiche Namen geben? Als ich das letzte Mal in der Toskana war, hatten wir drei Müller und zwei Herberts in der Gruppe.

Sicherheitshalber fragte ich noch: »Sind Sie zufällig Arzt?«

»Zufällig nicht! Mein Fach ist die Geodäsie. Und da es mich schon immer in den Norden zog, dachte ich, ich könnte von Nutzen sein, wenn Sie sich ins ewige Eis begeben. John Franklin hat mir einen Brief geschrieben. Und da bin ich.«

»Ich habe auch einen Brief von John Franklin bekommen.« Meine Augen suchten John. Er hatte es plötzlich eilig.

»Morgen früh starten wir«, sagte er auf dem Weg zur Tür. »Wir treffen uns nach Sonnenaufgang.« Dann war er verschwunden.

Ich ging hinüber zum Tisch. Joan hatte alle Karten für die geplante Route besorgt und den vorgesehenen Weg schon eingezeichnet.

Wir wollten von Iqaluit nach Qurluqtuuq, dem früheren Coppermine. Von dort war Franklin an der Nordküste Kanadas entlang nach Osten gefahren, um die seit zweihundert Jahren gesuchte Nordwestpassage zu finden. Wir würden ihm sozusagen entgegenkommen, das heißt von Ost nach West fahren. Dann wollten wir um die Victoria-Insel herum durch die Prince-of-Wales-Straße zwischen den Parry Islands hindurch zum magnetischen Nordpol. Und von dort waren es nur noch schlappe 1500 Kilometer bis zum richtigen Nordpol, unserem Endziel.

Daß wir auf dem kürzesten Weg – also Tausende Kilometer an

der Westküste Grönlands entlang – wieder zurück mußten, daran dachten wir jetzt lieber noch nicht.

Wir trafen uns am nächsten Morgen bei Sonnenaufgang. Zu meiner Überraschung war mir das Aufstehen überhaupt nicht schwergefallen. Joan hatte uns zum Frühstück eingeladen. Es gab Schinkenspeck mit Ei, geräucherten Fisch und Toastbrot. Sogar ein Glas selbst gemachte Krähenbeermarmelade hatte sie spendiert. Wir würden monatelang auf ein solches Frühstück verzichten müssen. Oder könnten es gar Jahre werden?

John F. hatte sein Gewehr schon mitgebracht. Es lehnte neben ihm an der Wand. Ich war über das große Kaliber erstaunt. John war meinem Blick gefolgt und meinte nur: »Dachtest du, wir schießen auf Eisbären mit Schrot? Wenn du nicht richtig zielst, kannst du die Riesenkarwenzmänner nie ins Jenseits befördern. Dann bist du als erster dort. Kopfschuß is nich. Da prallt die Kugel ab. Ins Herz mußt du treffen.«

»Ich kann gar nicht treffen«, entgegnete ich schlagfertig.

»Wenn es heißt: ›Bear or Bullet‹ wirst du schon wissen, was du wählst.« Ich wußte eigentlich nicht, warum ich zwischen einem Bären und einer Kugel wählen sollte, aber John F. war ja ein Inuk. Er mußte es wissen.

Bange war uns jedenfalls nicht. Wir hatten alles, was wir brauchten: ein Floß mit Kufen und Segel, einen Schlitten mit zehn Hunden, einen kleinen Ofen mit Rohr, ein Steuerpult, Vorräte aller Art und frohen Mut. Das einzige, was uns fehlte, war ein Kasten Radeberger Pils. Der hätte aber bei minus 20 Grad wenig Freude gespendet.

Und dann waren wir selbst: drei Männer im besten Alter (wie wir meinten), mit Kinderträumen im Kopf und Rentierstiefeln an den Füßen. Das waren Garanten für Erfolg – oder wenigstens für keinen Mißerfolg.

Die ersten zweihundert Kilometer unserer Reise quer durch den *District of Franklin* – wie die großen Inseln nördlich der kanadischen Küste genannt werden – führten uns von Iqaluit über die *Meta Incognita Peninsula*, die ganz unbekannte Halbinsel, nach Lake Harbour an der Südspitze der Baffin-Insel.

Wir benutzten den alten Eskimo-Jagdweg Itijjagiaq, den »Weg über das Land«. Er führt durch den 1992 geschaffenen Katanillik Park, den »Platz der Wasserfälle«. An Wasserfällen – oder Eisfällen – mangelte es auf der ganzen Strecke wirklich nicht.

Acht Monate des Jahres ist hier kein grüner Halm zu sehen, Schnee und Eis bedecken den Permafrostboden. Aber von Juni bis September grünt und blüht es, als müßte die Natur den »Rückstand« aufholen. Sie zeigt in diesen vier Monaten alles, wozu die Flora in gemäßigterem Klima doppelt soviel Zeit zur Verfügung hat.

Wir hatten das Segel aufgezogen, die Kufen knirschten über das Eis des zugefrorenen Soper River. Wir kamen gut voran, und die Hunde, die hinter der Kajüte in ihrem Lattenverschlag standen, jaulten. Sie waren eifersüchtig auf das Segel.

Am späten Nachmittag kamen sie doch noch zum Einsatz. Wir suchten einen geschützten Platz zum Übernachten. Dazu fuhren wir in ein Seitental hinein, einen breiten Bachlauf hinauf. Die Hunde zogen wie besessen, und John F. unterstützte sie mit scharfem Peitschenknallen.

Der erste Tag war ohne Probleme vergangen. Der Kocher surrte. John und John hatten das Zelt, das den Mast umschloß, im Handumdrehen aufgebaut. Nachdem wir unsere dehydrierte Kartoffelsuppe gegessen und Tee getrunken hatten, zog sich jeder auf seinen Schlafplatz zurück. Die beiden Johns schliefen im Zelt, ich in der Kajüte. Ein unstetes Wetterleuchten erhellte die Nacht. Man kann übrigens auch am Polarkreis in verschiedenen Tonlagen schnarchen.

Wir waren nun schon drei Wochen auf dem Eis. Am Tage war es auszuhalten. Wir brachen morgens sehr zeitig auf. Und obwohl es sehr kalt war – nachts fallen die Temperaturen oft unter minus 30 Grad –, wärmte doch die Sonne, die etwa 15 Stunden am Tag zu sehen war. Außerdem hielten wir uns immer in Bewegung. John F. kümmerte sich um die Hunde, John R. betreute das Segel und den Kompaß, ich war fürs Kochen und den Zeltaufbau zuständig.

Das machte mir Spaß, und ich konnte die Erfahrungen meines ersten Zelturlaubes vor 45 Jahren am Krummen See in Mecklenburg gut gebrauchen.

Noch 700 Kilometer bis Coppermine!

In Gjoa (sprich: Joe) Haven, das auf Inuktitut Uqsuqtuuk (»wo es viel Fett gibt«) heißt, befindet sich der Historische Park zur Nordwestpassage, der Amundsen, Franklin und allen Arktisforschern gewidmet ist. Im Jahr 2000 wurden übrigens sechs bisher unbekannte Gräber der mißglückten Franklin-Expedition von 1845 entdeckt: auf den Todd-Inseln, fünfzig Kilometer südlich von Gjoa Haven.

Die Fahrt über den Queen-Maud-Golf war außerordentlich beschwerlich. Überall türmten sich Eisschollen und -blöcke übereinander. Das Floß blieb immer wieder hängen. Dazwischen waren Spalten und mit Wasser gefüllte Risse. Die Hunde waren genervt. Johns Peitsche knallte öfter als sonst. Gegen Mittag verschwand die Meute plötzlich vor unseren Augen ... im Eis. Wenn die Hunde jetzt abstürzten, waren wir verloren. Mit dem Segel allein vermochten wir das gewichtige Floß nicht zu bewegen. Die nächste Ansiedlung war 150 Kilometer entfernt. Wenn wir die Hunde nicht wieder zurückziehen könnten, bliebe uns nur noch ein SOS-Ruf über Funk. Aber noch waren wir nicht soweit.

Aus der Spalte drang kein Laut. Wir legten uns vorsichtig an den Rand und blickten in das schummrig-blaue Licht. Etwa sechs Meter unter uns stand auf einem Vorsprung unser Leithund, reglos und stumm. Er hatte sich aus dem Geschirr gewunden! Von den anderen keine Spur.

Wir ließen das Floß Floß sein und seilten John F. bis zum Vorsprung ab. Dann warfen wir ein zweites Seil nach unten. Der Vorsprung war so schmal, daß John sich kaum bewegen konnte. Vorsichtig schlang er das doppelt genommene Seil um den Hund. Wir wollten schon anziehen, als John unten einen Schrei ausstieß.

So schnell wir konnten, zerrten wir ihn nach oben, kaum hatte er wieder Boden unter den Füßen, zeigte uns John ein rechteckiges Kästchen. Neugierig musterten wir alle drei den Fund. Es war mit einer geteerten Schnur zugebunden. Als ich die Knoten gelöst hatte, klappte das Kästchen von selbst auf; zwei kleine Schriftrollen lagen darin. Ich rollte die eine auseinander, an den Rändern bröckelte das Pergament.

Ich las vor: »Nachdem ich 1847 meinen Trupp südlich von Gjoa Haven verloren hatte, machte ich mich allein mit einem Schlitten und meinen Hunden auf zum Nordpol. Im Sommer 1848 konnte ich den Nordpol erreichen. Dann kam ›die große Drift‹. Ich überlebte sie mit meinen Hunden auf einer Eisscholle. Da ich nun einmal so richtig in Fahrt war, habe ich auch den Südpol noch aufgesucht. Das war zwar nicht meine Absicht gewesen, aber bereut habe ich die weite Reise nicht. Leider weiß ich nicht, wann ich ihn erreichte, denn alle Chronometer gaben vorher den Geist auf. Nun, da sich mein Leben dem Ende zuneigt, möchte ich Euch einen Rat geben: Vergeßt den Südpol, falls Ihr ihn überhaupt besuchen wollt. Er ist seit vielen Jahren wieder ein Ort der Blizzards und der Einsamkeit. Und das sollte er auch bleiben. Ich hoffe, daß mein Körper bald in die ewigen Jagdgründe eingehen wird. Mein Geist kann sich erst zur Ruhe setzen, wenn ein noch stärkerer ihn ablöst. S. J. F.«

John blickte mich verwundert an. Der Südpol ein Platz der Einsamkeit? Jedes Jahr landeten dort Hunderte Flugzeuge, die Baumaterial und Touristen ausspien. Wir waren ratlos.

»Lies doch noch den anderen Brief vor. Vielleicht ergibt sich daraus eine Erklärung«, schlug John vor.

Der zweite Brief war nicht so brüchig wie der erste; er war mit Siegellack verschlossen, aber ohne Siegel. Er mußte jüngeren Datums sein.

Ich brach den Siegellack. Das Papier ließ sich ohne Probleme aufrollen. Es war leer. Ich hielt es gegen die Sonne. Ein weißes Blatt, ohne eine Spur von Schrift, ohne Wasserzeichen. Ich reichte das Blatt John. Er schüttelte den Kopf. Wir waren ratlos und wollten den Bogen in unserer Kajüte noch einmal genau untersuchen.

Kajüte? Floß? Wo war das Floß? Bei unserer Schatzsuche hatten wir Floß und Hunde völlig vergessen. Aus der Spalte drang noch ein entferntes Jaulen zu uns herauf. Das Floß war samt Vorräten, Funkgerät und Logbuch verschwunden. Die Meute hatte es wohl mit in den Abgrund gerissen. Allein den Leithund vermochten wir zu retten.

Jahre später. – Wir sind seit vielen Sommern hier. Es ist überall sehr einsam und ruhig, wenn man von der mannigfaltigen Tierwelt absieht.

Es gibt jede Menge Robben, diverse Wale und große und kleine Eisbären. Und alle schmecken gut.

Menschen haben wir nicht getroffen. Wir wissen nicht einmal genau, welches Jahr wir jetzt schreiben.

Sir John Franklin hat sich nicht wieder gemeldet. Wir können also hoffen, daß sein ruheloser Geist Ruhe gefunden hat. Auch wir werden immer ruhiger – Unruhe ist ein Fremdwort für uns. Wir diskutieren viel über Raum und Zeit. Von beiden haben wir hier genug.

Dieses Büchlein widme ich dem Verlorenen Wässerchen und der Vierzehnhuckelbahn am Wilden Mann.

Wertvolle Hinweise verdanke ich Michael Vogeley und Ingrid Ferschoth-Vogeley, die mit ihrem Abenteuer-Trekking-Buch »Grönland mit Baffin Island« meinen Kindertraum zu neuem Leben erwachen ließen.

Zwei Damen – eine möchte inkognito bleiben – haben durch sanften Druck denselben in Buchstabenform immens gefördert, sei es durch ermunternde Worte oder indem sie mir mächtig in die Hacken traten. Dennoch ist kein »Trittwerk« entstanden, sondern eine »Schöpfhilfe«, die mir grenzenlose Hochachtung abverlangt. Weiter so Valeska Höhne!

Gunter Böhnke

Ein Sachse beschnarcht sich die Welt

156 Seiten
Band 1753
ISBN 3-7466-1753-7

Reisen bildet – vor allem die Fähigkeit, über sich selbst zu lachen. Gunter Böhnke, sächsisches Kabarett-Urgestein, zeigt sich darin überall auf der Welt als Meister. Mit sicherem Gespür für Situationskomik und treffende mundartliche Sprachkreationen beschreibt Gunter Böhnke kuriose Begebenheiten, die einem gutgläubigen und dennoch cleveren Sachsen auf seinen Reisen durch die große, weite Welt zustoßen. Doch egal, was dem sächsischen Original in Australien, Irland, Frankreich oder den USA passiert, mit Esprit und Schlagfertigkeit meistert er auch die peinlichsten und schwierigsten Situationen.

Bernd-Lutz Lange

Dämmerschoppen

Geschichten von drinnen und draußen

176 Seiten
Band 1386
ISBN 3-7466-1386-8

Für die ARD verteilte Bernd Lutz-Lange gemeinsam mit Gunter Böhnke dreizehnmal »Nachschlag«, für den Mitteldeutschen Rundfunk zelebrierte er »Den Sachsen von Kopf bis Fuß«.

Humorvoll erzählt der Autor und Kabarettist in diesem Buch von seinen Reisen, von Begegnungen mit Jack Lemmon und Walter Matthau, aber auch von scheinbar ganz alltäglichen Begebenheiten. Dank seiner satirischen Begabung findet er immer wieder zu überraschenden Pointen.

AtV
Aufbau Taschenbuch Verlag

Bernd-Lutz Lange

Magermilch
und lange Strümpfe

218 Seiten. Gebunden
ISBN 3-378-00621-8

Bernd-Lutz Lange erzählt von seiner Kindheit nach dem Krieg und in der jungen DDR: Fruchtschnee und Affenfett, Brausepulver und Muggefugg, Wattfraß und Kartoffelkäfer feiern in diesen Erinnerungen ihre fröhlichen Urständ. Ein heiteres Zeitdokument: wie der Autor selbst, so steckte auch die Republik in den Kinderschuhen.

»Eine Sammlung poetischer Szenenbilder, ein Fundus von sprechenden Requisiten, Kleidern und Kulissen. Sogar Geräusche, Gerüche, Geschmäcker des Nachkrieges in einer ostdeutschen Stadt sind hier versammelt.«

Die Zeit

»Diese Stimmung, dieses Leichte im Erzählen, das mit einer Prise Ironie Überstäubte und mit etwas Melancholie Angeschwitzte, das ist es, was dieses Buch lesenswert macht – auch für andere Generationen, die wissen möchten, wie Generationen vor ihnen gelebt haben.«

Thüringer Allgemeine

Gustav Kiepenheuer
VERLAG